Kyong Myong Lee

Richtig Taekwondo

Die Kunst der unbewaffneten Selbstverteidigung

Dritte, durchgesehene Auflage

BLV Sportpraxis

Kyong Myong Lee, 1939 in Pusan/Korea geboren und dort aufgewachsen, begann im Alter von 14 Jahren, die faszinierende Sportart Taekwondo zu erlernen.
Nach dem Philosophie-Studium (B. A.) an der Yonsei Universität in Seoul war er als Journalist und Essayist tätig. Während dieser Zeit erschienen mehrere Bücher von ihm. Zunehmend aber wuchs sein Interesse an Taekwondo; nicht die körperliche Ertüchtigung allein, vielmehr der geistig-philosophische Aspekt war dafür ausschlaggebend.
1967 wurde Kyong Myong Lee (9. Dan) vom Koreanischen Taekwondo Verband nach Europa entsandt und ließ sich in Österreich nieder. Von dort aus verbreitete er die Kunst des Taekwondo und machte diese koreanische Sportart weithin bekannt.
Zur Zeit widmet er sich auch seiner schriftstellerischen Tätigkeit; sein Hauptinteresse gilt jedoch, wie bisher, vor allem dem Taekwondo.

BLV Verlagsgesellschaft mbH
München Wien Zürich
8000 München 40

BLV Sportpraxis 248

© 1987 BLV Verlagsgesellschaft mbH, München, 1991

Gesamtherstellung: Pustet, Regensburg

Printed in Germany · ISBN 3-405-13886-8

Die Deutsche Bibliothek – CIP-Einheitsaufnahme

Lee, Kyong Myong:
Richtig Taekwondo: Die Kunst der unbewaffneten Selbstverteidigung / Kyong Myong Lee. – 3., durchges. Aufl. – München; Wien; Zürich: BLV, 1991
(BLV-Sportpraxis; 248: Spezial)
ISBN 3-405-13886-8

NE: GT

Umschlagfotos: Tae Young Lee
Alle Fotos von Dieter Birkner, außer:
K. M. Lee (Archiv): S. 4, 7, 46, 156
M. Mühlberger: S. 2, 60
Grafiken: Hellmut Hoffmann

Die Abbildung auf Seite 2 zeigt einen vollendeten Twio-yop-chagi

Inhalt

Inhalt

Als Präsident der *World Taekwondo Federation* und von *Kukkiwon* (World Taekwondo Center) freue ich mich sehr, dieses Taekwondo-Trainingshandbuch vorzustellen, verfaßt von einem unserer engagiertesten Ausbilder in Europa, Kyong M. Lee.

Kyong M. Lee ist Internationaler Schiedsrichter und Internationaler Master-Instructor, der über umfassende Erfahrungen verfügt und vielfältige Untersuchungen angestellt hat. Deshalb ist diese Publikation von der *World Taekwondo Federation* autorisiert und findet offizielle Anerkennung.

Da ich glaube, daß dieses reich illustrierte Buch dem Leser viele nützliche Informationen über die theoretischen und praktischen Aspekte bietet und auch die rechtliche Seite des Taekwondo behandelt, möchte ich hierfür meine persönliche Empfehlung aussprechen.

Dr. Un Yong Kim
Präsident

Taekwondo erfreut sich auf der ganzen Welt immer größer werdender Beliebtheit. 1988 fand diese aus Korea stammende Sportart erstmals im Rahmen der Olympischen Spiele in Seoul/Korea als Vorführdisziplin große Beachtung.

Aber auch der philosophische Charakter, der wissenschaftliche, systematische Aufbau und die Stellung des Taekwondo als Budosport sind von Bedeutung. Die Verbreitung des Taekwondo sollte durch weitere theoretische Untersuchungen bzw. praktische Schulungen vorangetrieben werden.

Mit der vorliegenden Arbeit möchte ich aufgrund meiner 30jährigen Erfahrung als Taekwondo-Lehrer einen Beitrag zur Systematisierung und Vereinheitlichung der Taekwondo-Technik leisten. Ich hoffe, daß sie Lehrern wie Schülern als Unterstützung in ihrem ständigen Bestreben dient, sich sowohl körperlich als auch geistig zu verbessern.

Kyong Myong Lee

Was heißt Taekwondo?

Frei übersetzt bedeutet Taekwondo »Kunst des Fuß- und Handkampfes«. Die wörtliche Übersetzung aus dem Koreanischen heißt:

Tae: stoßen, springen oder mit dem Fuß zerschmettern;

Kwon: Faust bzw. mit der Hand oder Faust schlagen oder zerstören;

Do: der Weg, die Lehre, die Methode.

Zusammengefaßt weist Taekwondo demnach auf eine Technik der unbewaffneten Selbstverteidigung hin. Darunter versteht man das geschickte Ausweichen, Abfangen eines Angriffs mit Händen und Füßen sowie den Konter, der zur schnellen Ausschaltung des Gegners führt.

Der Unterschied zu einer weiteren fernöstlichen Kampfkunst, dem Karate, der hier wohl in erster Linie interessiert, ist mit dem Hinweis auf die Bevorzugung der Fußtechniken alleine nicht erklärt. Trotz der Unterscheidungsmerkmale, die im Vergleich zu Karate auftreten, wird eine solche Vielfalt, wie sie Taekwondo aufweist, von keiner anderen, artverwandten Disziplin erreicht. Im weiteren unterscheidet sich Taekwondo insbesondere in der Art der verschiedenen Handtechniken, welche meist jedoch nur von erfahrenen Trainern erkannt werden.

Was bewirkt Taekwondo?

Taekwondo ist eine Kunst der Selbstverteidigung, die sich über fast 20 Jahrhunderte hinweg in Korea selbständig entwickelt hat. Ein Merkmal des Taekwondo ist es, Angriffer waffenlos, d. h. nur mit Händen oder Füßen abzuwehren. Alle Bewegungen im Taekwondo gehen von dem Grundsatz der Verteidigung aus. Es gibt kaum einen Teil des menschlichen Körpers, der nicht als Abwehrwaffe beim Taekwondo gebraucht werden kann: Hände, Finger, Fäuste, Knöchel, Ellbogen, Knie, Füße, Kopf usw.

Ein regelmäßiges Training verbessert das Allgemeinbefinden, verschafft ein gesundes seelisch-körperliches Gleichgewicht, erhöht die Behendigkeit und Beweglichkeit (physisch wie psychisch) und lehrt, die Dinge mit dem nötigen Abstand zu betrachten. Taekwondo vermittelt nicht nur körperliche Kraft, sondern auch die Einsicht zu diszipliniertem Denken. Nur durch diese Einheit ist es möglich, das nötige Selbstvertrauen zu entwickeln und die erforderliche Gelassenheit zur Selbstverteidigung zu erlangen.

> Selbstvertrauen ist die Voraussetzung für Bescheidenheit und Toleranz, zwei erklärte Ziele des Taekwondo.

Ein gesunder Körper macht aktiv und widerstandsfähig. Seelisches und körperliches Selbstvertrauen verbessert die Beziehungen von Individuum – Familie – Nachbar – Staat untereinander.

Taekwondo ist eine Einheit, die sich aus der Beherrschung des künstlichen Bewegungsablaufs *(Poomse),* des Kampfes *(Jayukyorugi)* und des Brechens *(Kyokpa)* zusammensetzt. Dies erfordert große geistige Konzentration, mit der man wiederum beinahe unglaubliche Kräfte entwickeln kann. Eine Taekwondo-Poomse besteht aus verschiedenen Fußstellungen, kombiniert mit Hand-Abwehrtechniken, Fuß- und Faustschlägen, die ineinander übergehen, sie ergänzen und als Ganzes gesehen einen

Kampf gegen einen oder mehrere Gegner darstellt.

Die bekanntesten Poomsen sind:

- Palgue 1–8 Jang
- Taeguk 1–8 Jang
- Koryo
- Kumgang
- Taebaek

und für die höheren Dan-Träger:

- Pyongwon
- Shipjin
- Jitae
- Chonkwon
- Hansoo
- Ilyo

Es gibt zwei Arten von Wettkämpfen:
Im *Kyorugi,* dem unprogrammierten, freien Kampf, können alle erlernten Techniken des Angriffs und der Verteidigung in beliebiger Kombination angewendet werden.

Die zweite Art des Wettkampfs läuft nach einem vorgeschriebenen Schema ab. Sie ist vor allem für das Training geeignet, weil Fehler und Nachlässigkeiten sofort korrigiert werden können. Außerdem eignet sie sich besonders für Demonstrationen, weil Abwehr- und Angriffstechniken aufeinander abgestimmt sind und somit auch dem unkundi-

gen Zuschauer ein guter Eindruck von Taekwondo und seinen Anwendungsmöglichkeiten vermittelt werden kann. Dieser vorherbestimmte Wettkampf muß von den Schülern reibungslos gemeistert werden, bevor sie für das Kyorugi bereit sind.
In der Praxis ist es unmöglich, die geballte Kraft gegen eine Person einzusetzen, ohne diese ernsthaft zu verletzen oder gar zu töten. Das Brechen von Hölzern, das Zerschlagen von Ziegeln und Steinen ist der Beweis für die Fähigkeit, vorhandene Energie erfolgreich auf einen Punkt zu konzentrieren. Damit wird überzeugend demonstriert, wozu Geist und Körper – sinnvoll koordiniert – in der Lage sind.
Um Taekwondo zu betreiben, bedarf es keiner besonderen Räumlichkeiten: Jeder kann zu jeder Zeit an jedem Ort seine Techniken üben und verbessern.

Die Taekwondo-Kleidung, der *Dobok,* ist so geschnitten, daß sie sich jeder Körperbewegung anpaßt. Das Weiß des Anzuges drückt moralische Reinheit und Anfang im Sinne der Zen-Philosophie aus. Der Gürtel (koreanisch *Ty*), den der Taekwondo-Sportler um seinen *Dobok* bindet, hat verschiedene Farben und kennzeichnet den Leistungsgrad des Schülers:

weiß	= Anfänger	
gelb	= 10. und 9. Kup	
grün	= 8. und 7. Kup	Schülergrade
blau	= 6. und 5. Kup	
braun	= 4. und 3. Kup	
rot	= 2. und 1. Kup	
rot/schwarz	= 1. bis 3. Poom	Meistergrade (unter 16 Jahre)
schwarz	= 1. bis 10. Dan	1.–5. Dan: Meistergrade 6.–10. Dan: Großmeistergrade

Einführung

Der innere Wert von Taekwondo

Taekwondo – mehr als eine Bewegungskunst

Taekwondo ist der physische Ausdruck des menschlichen Überlebenswillens und darüber hinaus eine Tätigkeit, mit deren Hilfe die geistigen Ziele eines Menschen erfüllt werden können. Grundsätzlich entspringen alle Bewegungen im Taekwondo dem menschlichen Selbsterhaltungstrieb und -verteidigungswillen. Mit wachsenden Bedürfnissen wurden weitere positive Elemente in das Taekwondo aufgenommen. Diese führen schließlich, in einem letzten Stadium der Perfektion, zur Überwindung des Ego, wodurch dieser Sport eine philosophische Dimension erhält.

Geistige Bedeutung

Solange ein Mensch sich guter Gesundheit erfreut, verfügt er über eine umfassende Tatkraft. Ein schlechter Gesundheitszustand hingegen wird die Arbeitslust lähmen. Enger als mit dem Intellekt ist dieser Impuls mit dem Gefühl verbunden, und zudem korrespondiert er auch mit der Ethik eines Menschen.
Taekwondo aktiviert Energien in jedem Organ, entwickelt die Muskeln und stimuliert das Gehirn, wodurch die Willenskraft im weitesten Sinne gestärkt wird. Bloßes Überleben macht den Menschen nicht glücklich, er sehnt sich nach einem kraftgebenden, guten Lebensinhalt. Deshalb kultiviert Taekwondo die Willenskraft durch die Vereinigung körperlicher und geistiger Aktivitäten.

Taekwondo – eine Anleitung zur Charakterentwicklung

Auch der menschliche Körper unterliegt den physikalischen Gesetzen und ist insofern eine Maschine, die wächst, sich weiterentwickelt und bewegt. Diese »Maschine Mensch« verrichtet ihre Arbeit, indem sie für die verschiedenen Zwecke ihre Haltung in eine jeweils brauchbare Lage verändert. Im geistigen Bereich heißt das: Die »Maschine« denkt, sie hat eine Idee und ersinnt Lösungen in einer Art geistigem Training. So erklärt es sich auch, daß ein Mensch als Ganzes schwerlich gesunde Gedanken hervorbringen kann und über eine einwandfreie Vorstellungsgabe verfügt, wenn er sich nicht gleichzeitig physisch wohl fühlt.
Es gibt eine leichte Form der Sportausübung und es gibt den Hochleistungssport. Letzterer fördert einen starken Kampfgeist und Selbstvertrauen, während leichtere Sportaktivitäten lediglich den Kreislauf günstig beeinflussen.
Taekwondo formt den Charakter zu einem starken Geist voller Spannkraft, aus dem Führungsenergien und -kräfte für alle Lebenssituationen erwachsen. Führungskraft und ein starker Leistungswille (Kampfgeist) schaffen Zuversicht für jede Aufgabe, so daß man sie mit Gelassenheit und Sicherheit löst und daraus seine innere Ruhe erlangt. Wenn dieser Vorgang zur Überwindung des eigenen Ichs führt, im Sinne der Bereitschaft zu aufopferndem Verhalten, und zur gleichzeitigen Bescheidenheit, dann ist dies

- die Basis für ein rechtschaffenes, vorbildliches Leben und
- die Voraussetzung zur Übernahme einer Führungsposition in der Gesellschaft.

Der sportliche Wert von Taekwondo

Taekwondo ist ein physisch umfassender Sport

Man widmet sich dem Sport aus den verschiedensten Beweggründen. Diese reichen von der Anpassung an eine Bezugsgruppe bis hin zu dem Wunsch, durch Bewegung und Fitness sein Leben zu verlängern. Die Motivation umfaßt das physische Überleben ebenso wie das Verlangen nach seelischem Gleichgewicht.

Da bei der Ausübung von Taekwondo alle Muskeln und Gelenke bewegt werden, ist es eine den ganzen Körper umfassende Sportart. Taekwondo gibt eine Antwort auf die Herausforderungen des Lebens und ist gleichzeitig eine Richtschnur für das Verhalten gegen sich selbst und andere.

Taekwondo ist ein Komplex von Stellungen und Bewegungen, bei denen systematisch und wissenschaftlich kontrolliert jeder Teil des Körpers bewegt wird. Deshalb wurde gerade dieser Sport zu einem wichtigen Mittel für die Erhaltung und Stärkung der menschlichen Lebensfunktion.

Taekwondo verwandelt Gliedmaßen in »Waffen«

Taekwondo ist ein solch kraftvoller Sport, daß es gefährlich ist, seine Wirksamkeit an anderen Personen zu testen. Vielmehr sollte man seine Fähigkeiten nur nutzen, um einen unerwarteten Angriff abzuwehren. Denn Fäuste werden zu Hämmern, Finger zu scharfen Speerspitzen, die Handkante zu einer Messerklinge, und die Füße können die Gewalt eines Vorschlaghammers erlangen.

Um solches zu erreichen, gibt es grundlegende Wege, Faust, Hand, Bein und Fuß in der genannten Form einzusetzen. Und es gibt ganz bestimmte Bewegungen, wie diese »Körperwaffen« anzuwenden sind. Von diesen kennen wir zahlreiche Formen: schnelle Aktionsfolgen, in denen Körper und Gliedmaßen nach rechts, links oder vorwärts und zurück bewegt werden, sowohl zur Verteidigung als auch zum Angriff. Es gibt Einzelbewegungen ebenso wie festgelegte Partnerübungen, in denen Stöße, Tritte und deren Abwehr geübt werden.

Wenn die grundlegenden, vorherbestimmten Bewegungsfolgen reibungslos beherrscht werden, sind die Taekwondo-Schüler bereit, den freien Kampf *(Kyorugi)* zu erlernen. Der Freikampf ist so gefahrvoll, daß die Kämpfer für bestimmte Körperteile eine Schutzkleidung tragen müssen (s. hierzu Seite 26 und 51 f.). Wie bereits erwähnt, darf Taekwondo niemals an mit dieser Sportart nicht vertrauten Personen geübt werden. Vielmehr demonstrieren Experten ihre Fähigkeiten durch das Zerschlagen von Ziegelsteinen, Dachziegeln, Hölzern oder ähnlichem. Dabei werden die Gegenstände nicht selten in die Luft geworfen und im Sprung zertrümmert.

Die Entwicklung des Taekwondo

Historischer Hintergrund

Unsere prähistorischen Vorfahren – ganz gleich wo sie lebten – mußten Gewandtheit und Kräfte entwickeln, um Nahrung zu erjagen und sich gegen Angreifer zu wehren. Zur leichteren Nahrungsbeschaffung und besseren Verteidigung wurden Waffen erfunden. Doch selbst nach Beherrschung dieser Waffen hat man nie aufgehört, Geist und Körper zu trainieren: Es entstanden Spiele, Wettkämpfe, teilweise in Form von religiösen Riten, in denen immer wieder versucht wurde, Geist und Körper zu noch höheren Leistungen zu befähigen.

Taekyon während der Koguryo-Dynastie

Im folgenden ein kurzer Blick auf die Dynastie des Königreiches Koguryo: Bereits im neolitischen Zeitalter veranstalteten unsere koreanischen Vorfahren in verschiedenen Stammesgebieten Spiele wie oben erwähnt. Yongko im Staate Puyo, Tongmaeng im Koguryo, Muchon in Ye und Mahan und Kabi während der Silla-Dynastie zeugen mit einigen interessanten Beispielen von solch sportlichen Aktivitäten im religiösen Bereich. Im Laufe der Zeit wurden diese Übungen sowohl zu gesunderhaltender Gymnastik als auch zur Ergänzung und Verbesserung kämpferischer Fähigkeiten weiterentwickelt.

Die lange Erfahrung im Umgang mit wilden Tieren sowie die sorgfältige Beobachtung ihrer Angriffs- und Verteidigungstechniken brachten unsere Vorfahren dazu, diese Beobachtungen so auszuwerten, daß sie, auf menschliche Bewegungsabläufe übertragen, ein sehr effektvolles Kampfsystem ergaben. Es entstand eine einfache Form des *Taekyon,* ein alter Name für Taekwondo. Die Anfänge des Taekwondo lassen sich bis in die Koguryo-Dynastie zurückverfolgen, die 37 v. Chr. im Norden von Korea gegründet wurde. Deckengemälde in königlichen Gräbern aus dieser Zeit weisen Taekwondo-Motive auf. 1935 wurden diese Szenen von einer Gruppe japanischer Archäologen in den Königsgräbern Muyong-chong und Kakchu-chong in Tungku (Hwando-Provinz in der Mandschurei), wo sich die Hauptstadt Koguryos befand, entdeckt. Während das Muyong-chong-Gemälde zwei sich in Taekwondo-Übungen gegenüberstehende Männer zeigt, werden auf dem Kakchu-chong-Bild zwei Ringer dargestellt.

Der japanische Historiker Tatashi Saito schreibt in seinen »Studien über die Kultur des alten Korea«: »Das Bild sagt entweder aus, daß die begrabene Person zu Lebzeiten Taekwondo praktiziert hat, oder es stellt Personen dar, die mit diesen Übungen – begleitet von Tanz und Gesang – die Seele des Verstorbenen trösten wollten.«

Hwarang-Do während der Silla-Dynastie

Das Königreich Silla, im Südosten des Landes gelegen, wurde bereits 20 Jahre vor dem Koguryo-Königreich gegründet. Dokument des Wissens um eine Kampfkunst sind zwei buddhistische Steinskulpturen im Suckkul-am bei Kyongju, der alten Hauptstadt Sillas, die den berühmten, von Kim Dae Sung (751–774 n. Chr.) geschaffenen Schrein bewachen. Diese Skulpturen stellen sich dem Besucher im Kúmgang-makki

entgegen, einer noch heute geübten Abwehrhaltung im Taekwondo.
Silla war berühmt für sein *Hwarang-Do,* ein Lebensweg, auf dem sich Ritter fast ausschließlich der Jagd, dem Studium und den Kampfkünsten widmeten, um Geist und Körper zu vervollkommnen. *Hwarang-Do* spielte auch eine wesentliche Rolle bei der Eroberung und Vereinigung der Königreiche Koguryo und Paekche durch Silla.

Beziehungen zum chinesischen Kungfu und japanischen Karate

Verschiedentlich wird angenommen, daß das koreanische Taekwondo von der chinesischen Kunst der Selbstverteidigung, dem Kungfu, abstammt. Einem chinesischen Dokument zufolge war Kungfu eine Art Gymnastik, die der buddhistische Heilige Dharma den Mönchen des Hsiaolin-Tempels in Tungpung (Provinz Honan, China) lehrte. Dharma, einer der bekanntesten buddhistischen Priester aus Indien, kam 520 n. Chr. nach China und verbrachte neun Jahre im Hsiaolin-Tempel, wo er u. a. Kungfu einführte und verbreitete. Die Deckengemälde in den Königsgräbern von Koguryo sind jedoch in der Zeit von 3 bis 427 n. Chr. entstanden. Daraus muß geschlossen werden, daß Taekwondo nicht vom chinesischen Kungfu abstammt.
Über die Herkunft von Karate, der japanischen Selbstverteidigungskunst, gibt es keine genauen Daten; doch gibt es zwei verschiedene Versionen darüber. Eine davon lautet, daß ein Chinese namens Chen Yuanpin in der späten Ming-Dynastie nach Japan auswanderte und dort das chinesische Kungfu verbreitete. Die andere versucht zu beweisen, daß Karate eine weiterentwickelte Form des »Okinawate« sei, eine in Okinawa (Japan) beheimatete Selbstverteidigungsart. Aus welcher Zeit Okinawate stammt, ist nicht genau zu ermitteln. Um die wahre Herkunft herauszufinden, könnte man sich auf »Historische Aufzeichnungen über das Königreich Chosun« (Yi-Dynastie) beziehen, worin erwähnt wird, daß Gesandte der Ryukyu-Inseln dem König von Chosun regelmäßig ihren Tribut zollten.
Zu dieser Zeit war *Subak* (ebenfalls ein anderer Name für Taekwondo) sehr populär; es ist daher nicht auszuschließen, daß die Gesandten aus Okinawa Taekwondo lernten und es dann in ihrem Heimatland einführten. Dieser Gedanke ist keineswegs abwegig, denn auch das koreanische »Nul« (eine Art Schaukelspiel) wurde von den Einwohnern Okinawas übernommen.
Man könnte also zu dem Schluß kommen, daß das japanische Karate von *Taekyon* oder *Subak,* jenen alten Formen des Taekwondo, abstammt, wenn man der zweiten Version über die Herkunft von Karate den Vorzug gibt.
Taekwondo erfreute sich auch nach den Koguryo- und Silla-Dynastien, während der Koryo-Dynastie (ab 918 n. Chr.) und in den 475 Jahren der Yi-Dynastie (ab 1392 n. Chr.) großer Beliebtheit.

Subak während der Koryo- und Yi-Dynastie

In der Koryo-Periode wurde *Subak* nicht nur unter dem Aspekt der gesunderhaltenden Gymnastik und seines sportlichen Wertes betrachtet; daneben schätzte man den militärischen Wert dieser Kampfkunst ausge-

Die Entwicklung des Taekwondo

sprochen hoch ein. Die folgenden Beispiele aus historischen Dokumenten zeigen, wie beliebt und geachtet Taekwondo schon zu damaligen Zeiten war:

»König Uijong bewunderte die hervorragende Subak-Beherrschung von Yi Ui-min und beförderte ihn vom Taejon (militärischer Rang) zum Byoldang.«
»Der König erschien im Sang-chun-Pavillon und wohnte den Subak-Wettkämpfen bei.«
»Der König verfolgte die Subak-Wettkämpfe im Hwa-bi-Palast.«
»Der König kam nach Ma-am, um die Subak-Wettkämpfe zu sehen.«

Aus diesen Aussagen geht hervor, daß die Subak-Wettkämpfe eine starke Anziehungskraft auch für Zuschauer gehabt haben mußten.
Man nimmt an, daß Subak unter König Uijong zwischen 1147 und 1170 n. Chr. seine größte Beliebtheit erlangte. Ungefähr zur gleichen Zeit wurde in China (Song- und Ming-Dynastie) Kungfu in großem Maße bekannt. Zwei ausgefeilte Systeme wurden entwickelt: Neikya und Weikya, die unterschiedlichen Wert auf Verteidigung und Angriff legten. Dieser Untersuchungsvergleich bestätigt weiterhin, daß Taekwondo nicht nur rein koreanischen Ursprungs ist, sondern in der langen Geschichte Koreas auch eine unabhängige Entwicklung durchgemacht hat.
Ein wichtiges Ereignis während der Yi-Dynastie war die Herausgabe eines Buches

über Subak als militärische Kampfkunst. In der vorausgegangenen Koryo-Dynastie eigentlich nur dem Militär zugänglich, fand es nunmehr weite Verbreitung.
Aus einem geschichtlichen Dokument geht des weiteren hervor, daß sich Leute der benachbarten Provinzen Cholla und Chungchong in dem Grenzstädtchen Chakji trafen, um die besten Subak-Kämpfer zu ermitteln. Dieser Bericht unterstützt die Annahme, daß Subak zur damaligen Zeit bereits ein beliebter Volkssport war. Um in die Leibwache der königlichen Regierung aufgenommen zu werden, war Subak gar eines der Hauptprüfungsfächer für Bewerber.
Die wichtige Rolle, die Subak auch während der ersten Hälfte der Yi-Dynastie spielte, wird durch die Herausgabe eines illustrierten Lehrbuchs über die Kunst des Kämpfens unterstrichen, in dem Taekwondo als eines der wichtigsten Kapitel behandelt wird. Herausgeber war König Chongjo selbst. Er betonte damit, daß das Königshaus Subak die gleiche Bedeutung beimaß wie auch das Volk.
In der zweiten Hälfte der Yi-Dynastie verlor Subak an Bedeutung und Beliebtheit. Man führt das auf die inneren und äußeren Machtkämpfe der damaligen Königshäuser zurück, die ihre Aufmerksamkeit infolgedessen mehr auf politische Ereignisse richteten und für sportliche Veranstaltungen wenig Zeit und Muße hatten. Dennoch blieb Subak beliebte Freizeitbeschäftigung des einfachen Volkes.

Überblick

Überblick von 1943 bis heute

1943–1945	Unter der Besetzung Koreas durch die Japaner erfreut sich das japanische Karate zeitweiliger Beliebtheit.
1946	Vereinigungsbestrebungen der wichtigsten Taekwondo-Schulen durch Versammlung der höchsten Dan-Träger.
1950	Beginn des Korea-Krieges am 25. Juni. Dauer: ca. 3 Jahre.
1953	Gründung des koreanischen Tangsoodo-Verbandes (Präsident: Hwang Ki aus der Mooduk-Kwan-Schule).
1954	Die höchsten Dan-Träger Koreas einigen sich auf die Bezeichnung »Taekwondo«.
1956	Nur die drei größten Schulen (Chungdo-Kwan, Songmu-Kwan, Ohdo-Kwan) akzeptieren die Bezeichnung »Taekwondo«.
1960	Gründung des koreanischen Soobakdo-Verbandes am 30. Juni (Präsident: Hwang Ki aus der Mooduk-Kwan-Schule).
1961	Gründung des koreanischen Taesoodo*-Verbandes am 16. September (erste Vereinigung der Dan-Träger aller Schulen).
1962	Anerkennung von Taesoodo durch die koreanische Amateur Sports Association am 20. Juni.
1963	Erste offizielle Teilnahme an den jährlich stattfindenden Nationalen Sportfestspielen am 29. Oktober.
1965	Änderung des Namens von Taesoodo in Taekwondo (Grund: Austritt der Soobakdo-Schule aus dem Verband am 5. August).
1972	Eröffnung des Kukkiwon in Seoul/Süd-Korea als Mekka des »World Taekwondo« am 30. November.
1973	Gründung des Welt-Taekwondo-Verbandes (WTF) in Seoul/Süd-Korea am 28. Mai (Präsident: Dr. Un Yong Kim). 1. Weltmeisterschaft. 25.–27. Mai in Seoul/Süd-Korea.
1975	2. Weltmeisterschaft. 27.–31. August in Seoul/Süd-Korea. WTF wird offizielles Mitglied der General Association of International Sports Federations (GAISF) im Oktober.
1976	Anerkennung von Taekwondo durch das International Military Sports Council (CISM) am 9. April. Ende 1976/Anfang 1977 werden die vorangegangenen verschiedenen Schulen im heutigen Taekwondo vereint.

* Taesoodo: »Tae« von *Tae*kwondo, »Soo« von *Soo*bakdo, Tang*soo*do und Kong*soo*do.

Die Entwicklung des Taekwondo

1977   3. Meisterschaft: 14.–17. September in Chicago/USA.

1979   4. Weltmeisterschaft: 24.–28. Oktober in Stuttgart/Bundesrepublik Deutschland.

1980   Anerkennung von Taekwondo durch das Internationale Olympische Komitee (IOC) in Moskau/UdSSR am 17. Juli.
1. CISM-Weltmeisterschaft: 30. Oktober–7. November in Seoul/Süd-Korea.

1981   1. World Games: 24. Juli–2. August in Santa Clara/USA.

1982   5. Weltmeisterschaft: 23.–27. Februar in Guayaquil/Ecuador.

1983   Taekwondo wird am 12. August als offizielle Sportart der Pan-American-Games aufgenommen.
6. Weltmeisterschaft: 19.–23. Oktober in Kopenhagen/Dänemark.
1. Internationale Universitätsmeisterschaft: 10.–11. Dezember in Seoul/Süd-Korea.

1984   Taekwondo wird als offizielle Sportart der Asian Games aufgenommen.

1985   2. World Games: 3.–4. August in London/Großbritannien.
7. Weltmeisterschaft: 4.–8. September in Seoul/Süd-Korea.

1986   1. World Cup Taekwondo: 3.–5. Juli in Colorado Springs/USA.
1. Universitäts-Weltmeisterschaft: 26.–30. November in Berkeley, Californien/USA.

1987   2. World Cup Taekwondo: 15.–17. Mai in Helsinki/Finnland.
8. Weltmeisterschaft (Herren): 7.–11. Oktober in Barcelona/Spanien.
1. Weltmeisterschaft (Damen): 7.–11. Oktober in Barcelona/Spanien.
2. CISM-Weltmeisterschaft: 25. Oktober–1. November in Seoul/Süd-Korea.

1988   Taekwondo als Vorführungsdisziplin bei den 24. Olympischen Spielen in Seoul/Süd-Korea am 17.–20. September.

1989   3. World Cup Taekwondo: 22.–25. Februar in Kairo/Ägypten.
3. World Games: 21.–23. Juli in Karlsruhe/Bundesrepublik Deutschland.
9. Weltmeisterschaft (Herren)/2. Weltmeisterschaft (Damen): 9.–14. Oktober in Seoul/Süd-Korea.

1990   4. World Cup Taekwondo: 9.–11. November in Madrid/Spanien.
2. Universitäts-Weltmeisterschaft: 5.–8. April in Santander/Spanien.

1991   10. Weltmeisterschaft (Herren)/3. Weltmeisterschaft (Damen): 23.–31. Oktober in Athen/Griechenland.
5. World Cup Taekwondo: 16.–18. Mai in Zagreb/Jugoslawien.
3. CISM-Weltmeisterschaft: 15.–21. Juni Seoul/Süd-Korea.

Die Dynamik im Taekwondo

Je weiter ein Sportler seine Fähigkeiten im Taekwondo ausbildet, um so mehr muß er die wissenschaftlichen Hintergründe der Sportart kennen. Das hat zwei Gründe. Zum einen kann ein erfahrener Sportler mit diesem Hintergrundwissen die Effektivität bestimmter Handlungen besser beurteilen und erhöht dadurch seine Lernbereitschaft, zum anderen schafft er sich dadurch eine Grundlage für die Entwicklung neuer Techniken. Im folgenden sollen zwei für das Taekwondo bedeutende physikalische Gesetzmäßigkeiten dargestellt werden. Es sind dies die Gesetze der *Kraftübertragung* und die der *Gleichgewichtsbedingungen*. Erfolg oder Mißerfolg eines Angriffs oder einer Verteidigung lassen sich mit den Begriffen der Kraft und des Gleichgewichts erklären.

Die drei Newton'schen Grundsätze und ihre Bedeutung im Taekwondo

Der erste Grundsatz bezieht sich auf die Trägheit von Massen gegenüber der Änderung ihres Bewegungszustandes. Er ist deshalb auch als *Trägheitsgesetz* bekannt und lautet: Jeder Körper verharrt im Zustand der Ruhe oder gleichförmig geradlinigen Bewegung, solange keine äußeren Kräfte auf ihn einwirken. Diese qualitative Aussage besagt, daß eine Kraft notwendig ist, um einen Körper aus der Ruhestellung in Bewegung zu versetzen.

Der zweite Grundsatz ist das *Grundgesetz der Mechanik*. Es gibt Auskunft über die Größe der Kraft und zeigt den Vektorcharakter der Kraft. Es lautet: Die Änderung des Bewegungszustandes ist der einwirkenden Kraft proportional und erfolgt entlang der Wirkungslinie dieser Kraft. Bekannter ist die Formelschreibweise

$$\vec{F} = m \cdot \vec{a}$$

($\vec{F}$ = Kraft, m = Masse, $\vec{a}$ = Beschleunigung)

Der Bewegungszustand oder Impuls $\vec{p}$ ist gegeben durch das Produkt aus der Masse m und der Geschwindigkeit $\vec{v}$. Eine Änderung der Geschwindigkeit verändert den Wert des Impulses. Diese Geschwindigkeitsänderung wird durch eine Kraft hervorgerufen, und je größer diese Kraft $\vec{F}$ ist, desto größer ist auch die Impulsänderung. Stellt man nun eine Verbindung vom zweiten Newton'schen Grundsatz zum Taekwondo her, dann bezeichnet man mit der Masse m die Körpermasse des Angreifers oder des Verteidigers, und die Beschleunigung $\vec{a}$ ist gegeben als Geschwindigkeitsänderung dieser Masse während der Kontaktzeit der beiden Körper.

Der dritte Grundsatz sagt nun ganz deutlich, daß jede Kraft, die von einem Körper A auf einen anderen Körper B wirkt, nur in Verbindung mit einer gleich großen, aber entgegengesetzt gerichteten Kraft vom Körper B auf den Körper A auftritt. Bekannter ist dieses Gesetz unter dem Kurzbegriff: Actio = Reactio. Die beiden Körper A und B entsprechen im Taekwondo dem Angreifer und dem Verteidiger. Übt der Angreifer über seine Faust oder seinen Fuß eine Kraft auf den Körper des Verteidigers aus, dann tritt gleichzeitig auch eine Kraft auf, die vom Verteidiger auf gleicher Wirkungslinie in Richtung des Angreifers wirkt.

Wie effektvoll nun ein Angriff und wie wirkungsvoll eine Verteidigung ist, das wird deutlich, wenn wir uns eingehender mit den Gleichgewichtsbedingungen beschäftigen.

Allgemeines zu Technik und Training

Gleichgewicht und Standsicherheit

Der Stabilitätsgrad eines Körpers ist von drei Faktoren abhängig. Dazu gehören

- das Gewicht,
- die Größe der Unterstützungsfläche und
- die Entfernung des Körperschwerpunkts von der Unterstützungsfläche.

Der Körperschwerpunkt ist ein physikalisch-mathematisch ermittelbarer Punkt, in dem man sich die gesamte Körpermasse vorstellen kann. Wird ein Körper aus dem stabilen Gleichgewicht gebracht, dann ist die Kraft F, die am Körperschwerpunkt angreift, größer als das Produkt aus dem Körpergewicht G und dem waagerechten Abstand a des Körperschwerpunkts von der Kippkante dividiert durch die Höhe h des Körperschwerpunkts von der Unterstützungsfläche. Die folgende Abbildung veranschaulicht diesen Zusammenhang.

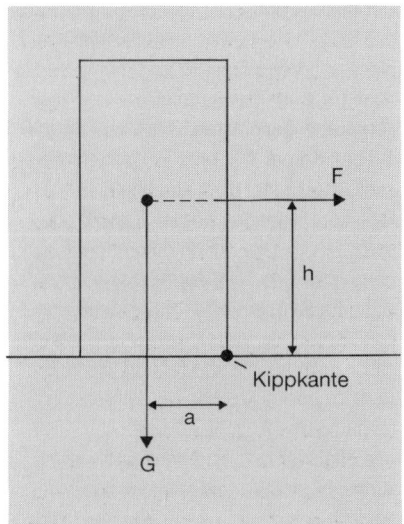

Schematische Darstellung des Gleichgewichts

Wir erkennen, daß eine Person zur Verbesserung ihrer Stabilität entweder die Unterstützungsfläche vergrößern oder ihren Körperschwerpunkt absenken muß. Im Wettkampf geschieht durch einen Ausfallschritt beides: Es wird die Unterstützungsfläche vergrößert und gleichzeitig der Körperschwerpunkt abgesenkt. Dadurch aber verschlechtert sich die Beweglichkeit. Eine solche Haltung ist kennzeichnend für eine Verteidigungsstellung. Ein Angriff, der plötzlich erfolgen soll, läßt sich besser aus einer Stellung verwirklichen, deren Stabilitätsgrad geringer ist. Wie gestaltet man den Angriff und die Verteidigung auf der Grundlage der physikalischen Betrachtungsweise am effektivsten?

Ein schnell ausgeführter Angriff ist dann am wirksamsten, wenn nicht nur die Fäuste oder die Füße eine große Geschwindigkeit haben, sondern wenn gleichzeitig die gesamte Körpermasse mit großer Geschwindigkeit in die Richtung des Treffpunktes bewegt wird. Dann zeigt uns das Grundgesetz der Mechanik, daß der Angriff mit einer großen Kraft ausgeführt wird.

Der Verteidiger muß seinen Stabilitätsgrad erhöhen, um nicht von der Kraft des Angriffs aus dem Gleichgewicht zu kommen. Oben wurde gezeigt, wie das erreicht werden kann. Wichtig ist, daß die Unterstützungsfläche, die in Richtung der einwirkenden Kraft wirksam ist, vergrößert wird.

Geschwindigkeit

Masse allein (obwohl sie den Wirkungsgrad erhöht) kann keine nutzbare Kraft entfalten, wenn nicht die Geschwindigkeit hinzukommt. Wenn wir von einem »festen Tritt«

oder einem »leichten Tritt« sprechen, meinen wir die Geschwindigkeit der Bewegung. Der feste Tritt wird mit hoher Geschwindigkeit, der leichte Tritt langsam ausgeführt. Es wurde bereits erklärt, daß es verschiedene Möglichkeiten gibt, die Geschwindigkeit der Körperbewegungen zu steigern. Ein Weg eröffnet sich durch die wirkungsvolle Verlagerung des Körperschwerpunktes, was allerdings mit einem relativ unsicheren, instabilen Stand gekoppelt ist. Ein anderer Weg ist die Vergrößerung des Abstands zum Ziel und damit die Verlängerung der Beschleunigungsstrecke. Die Vergrößerung des Zielabstands kann natürlich nur durch gesteigerte Behendigkeit des Körpers erreicht werden.

Da Knochen und Gelenke für Halt und Aufbau des menschlichen Körpers eine tragende Rolle spielen, während das Nervensystem die Aktionen der Muskeln steuert, bestimmen die Beweglichkeit der einzelnen Körperteile und ihre Reaktionsgeschwindigkeit den Grad der Behendigkeit im Falle eines Angriffs oder der Abwehr.

Das Nervensystem

Die Nervenbahnen verästeln sich in unzählige Fasern, die sich über den ganzen Körper verteilen. Jeder von den Nerven aufgenommene Reiz wird an das Zentralnervensystem weitergegeben. Darüber hinaus sind es bestimmte Nervengruppen, die einzelne Muskelbewegungen hervorrufen können. Die menschliche Kraft kommt nur dann zur vollen Entfaltung, wenn alle betroffenen Nervengruppen koordiniert arbeiten. Die geistige Konzentration trägt dazu bei, daß Nervengruppen aufeinander abgestimmt ak-

tiviert werden. Wichtig für die Weiterleitung von Reizen ist die Verbindung der Nerven untereinander. Diese zunächst unkontrollierten Verbindungen sollten dabei vorsichtig angegangen werden.

Durch langes Training kann man aber auch hier – im unbewußten, sonst nicht kontrollierbaren Bereich – Einflußnahme und Beherrschbarkeit erreichen.

Die Atmung und »Ki«

Ganz gleich, welche Sportart man betreibt, atmet man die Luft aus, wenn der Rumpf gebeugt oder gedreht wird, und man atmet ein, wenn der Körper aufgerichtet wird. Im Taekwondo wird ausgeatmet, wenn man zu einem Schlag oder Tritt ansetzt. Im Moment des Auftreffens wird dann der Atem angehalten, um so die größte Wirkung zu erzielen. Der Grund für diese andere Atemtechnik ist, daß das Ausatmen den inneren Widerstand verringert und den Körper flexibel macht, während das Anhalten des Atems dem Stoß oder Schlag erst die volle Wirkung verleiht.

Der Kampfschrei *Kihap* beim Auftreffen des Stoßes dient dazu, die Luft aus dem Brustkasten zu pressen, was gleichzeitig die geistige Konzentration auf genau diesen Moment fördert. Dauert der Kampfschrei aber zu lange an, bevor das Ziel getroffen ist, kann nicht genügend Kraft entfaltet werden, da es ausschließlich auf die geistige Konzentration ankommt.

Ohne einer solchen geistigen Konzentration und ohne Kontrolle der Atmung kann ein Angriff oder eine Abwehraktion nicht erfolgreich sein. Fehlt in einer Konfrontation die Unterstützung durch die richtige Reaktionsfähigkeit der entsprechenden Nerven, kann auch die Kraftkapazität nicht voll entfaltet werden. Es gilt also, durch langes intensives Training und mit Hilfe seines Geistes, der gewünschten Koordination der Nerven und der Kontrolle der Atmung die eigene Kraft zu steigern.

Wem diese Fähigkeiten in Fleisch und Blut übergehen, wird über eine erstaunliche Energie verfügen. Solche Möglichkeiten eröffnen sich allerdings nur demjenigen, der über lange Zeit hinweg das Phänomen Kraft durch eigene Erfahrung erfaßt hat und den Intellekt besitzt, die Theorie wirkungsvoll in die Praxis umzusetzen.

Aufbau und Grundlage des Taekwondo-Trainings

Praktisch alle Techniken des Taekwondo werden in der Gruppe, im Stand, im Gehen oder im Drehen unterrichtet, wobei der technische Schwierigkeitsgrad auf den jeweiligen Ausbildungsstand des Schülers abzustimmen ist. Der Fortgeschrittene wird selbstverständlich schwierigere Übungen durchführen, die Grundschule bleibt jedoch für Schüler und Meister gleich. Auch der Meister wird täglich seine Schlagtechnik üben, mit der sich der Schüler in den ersten Unterrichtsstunden abmüht, er wird sie jedoch besser beherrschen.

Es ist also nicht in erster Linie das Was, das den Anfänger vom Fortgeschrittenen unterscheidet, sondern das Wie!

Drei Disziplinen sind es, welche die Grundlage des Taekwondo bilden und die im folgenden näher beschrieben werden sollen:

Poomse (Kunstbewegungsform)

Die Poomse ist eine Pflichtübung, wie sie auch in anderen Sportarten zum Aneignen der verschiedenen Techniken gelehrt und dann bei der Vorführung in einer Prüfung beurteilt wird.

In den Poomsen sind alle Angriffs- und Abwehrtechniken vereinigt. Die Schwierigkeiten steigern sich in der nächsthöheren Poomse. Zur Vollendung der Kampftechnik hat man diese Bewegungsfolgen festgelegt, die einen Scheinkampf gegen einen oder mehrere *gedachte Gegner* darstellen, so daß der Schüler verschiedene Angriffs- und Verteidigungstechniken ohne Gegner und ohne Verletzungsgefahr üben kann. Die Folge dieser einzelnen Übungen ist vorgeschrieben und läuft nach einem festgelegten Schrittdiagramm ab.

Imaginäre Gegner werden in verschiedenen angenommenen Kampfsituationen systematisch und sinnvoll bekämpft. Der Schüler hat diese genau festgelegten Techniken in einer fortlaufenden Aktion vorzuführen, wobei die Bewegung kraftvoll, konzentriert und rhythmisch sein soll und er zu jeder Zeit der Übung sein Gleichgewicht halten, d. h. einen festen Stand haben muß. Die vorausgehende, umfassende und spezielle Gymnastik (Gelenkigkeitsübungen, z. B. der Fuß- und Beingelenke, Hüftgelenke) dient der Vorbereitung des Körpers auf die gesteigerte Leistung durch die Erwärmung der Muskulatur und allmähliche Aktivierung des Kreislaufs mit einer verstärkten Herztätigkeit.

Bei regelmäßiger Kursteilnahme – mindestens zweimal wöchentlich – wird eine intensive Körperschulung erreicht, die das allgemeine Wohlbefinden erhöht und auch zu einem gesunden physischen und psychischen Selbstbewußtsein führt.

Für Kup-Träger (Schüler) gibt es zwei festgelegte Übungsformen:
- **Palgue 1 bis 8 Jang**
- **Taeguk 1 bis 8 Jang**

Für Dan-Träger (Meister) sind es folgende Pflichtübungen:
- **Koryo** (Korea)
- **Kumgang** (Diamant)
- **Taebaek** (Berg – Symbol des Landes)
- **Pyongwon** (Ebene)
- **Shipjin** (Zehn)
- **Jitae** (Erde)
- **Chonkwon** (Himmel)
- **Hansoo** (Wasser)
- **Ilyo** (Einheit)

Im Taekwondo wird der menschliche Körper allgemein in drei Teile untergliedert:
- *Olgul* (Gesicht): der ganze Kopf bis zum Schlüsselbein,
- *Momtong* (Rumpf): vom Schlüsselbein bis zum Nabel,
- *Arae* (Unterleib): vom Nabel abwärts.

Speziell beim Training sind diese Körperteile für die verschiedenen Angriffs- und Abwehrtechniken von besonderer Bedeutung und haben folgendes *Übungsziel:*
- Olgul: *Injung* (Nasenrille),
- Momtong: *Myongchi* (Solarplexus),
- Arae: *Danjon* (Zwerchfell, ca. 5 cm unterhalb des Nabels).

Kyokpa (Bruchtest)

Kyokpa ist eine Disziplin, die den Europäern am meisten bekannt ist und von der allgemein angenommen wird, daß sie alleine das Taekwondo darstellt.

In Wahrheit zählt der Bruchtest zu den am wenigsten praktizierten Disziplinen des Taekwondo. Eigentlich wird er nie isoliert trainiert, sondern er ergibt sich zwangsläufig aus den anderen Trainingsübungen. Hat der Schüler während seines Grundtrainings noch nicht die Fähigkeit erreicht, einen Bruchtest auszuführen, dann ist er in seiner Technik noch nicht weit genug fortgeschritten, und er muß mit Gewalt und schmerzhaften Verletzungen ausgleichen, was ihm andere an Technik und sonstigem Können voraushaben.

Worin besteht nun dieses Können? Zuerst ist es die bis zu einem gewissen Grad vollendete Technik, des weiteren eine Schutzschicht an den entsprechenden Schlagpunkten der Arme und Beine. Jeder Körperteil, jeder Knochen wäre zu schwach, um bei einem Bruchtest der Härte eines Steines standzuhalten. Nur die Kraft des Geistes und des Willens – sie sind die wahren Urheber dieser Energien – ermöglicht eine derartige Leistung.

Jayu-kyorugi (Freikampf)

Alle Techniken, die der Schüler bisher im Grundtraining gelernt hat, werden nun im freien Kampf durchgeführt. Die starren Partnerübungen sind gelöst, und der imaginäre Gegner, den er bei der Poomse abgewehrt hat, ist jetzt ein echter Kämpfer. Im Freikampf wird die Beherrschung der Techniken unter schwierigen, dem Ernstfall entsprechenden Umständen bewertet.

Es gilt, eigene Techniken schnell und präzise anzubringen bzw. gegnerische Attacken im Ansatz zu erkennen und zu vereiteln. Alles, was der Kämpfer unternimmt, muß der jeweiligen Situation angepaßt sein. Er muß selbständig und blitzschnell entscheiden. Er sollte jede Einseitigkeit im Kampfstil vermeiden, seine Kombinationsmöglichkeiten ausschöpfen, Kontertechniken anbringen und den Gegner so ins Hintertreffen bringen. Im rechtzeitigen Erkennen, Blocken und Kontern gegnerischer Angriffe besteht die eigene Überlegenheit. Bei aller Freiheit der Bewegungen unterliegt der Wettkämpfer jedoch strengen sportlichen Regeln.

Der sportliche Wettkampf mit Vollkontakt, der über drei Runden geht, fordert vom Athleten hervorragendes Können, eiserne Kondition, blitzschnelle Reaktion, Selbstdisziplin (Härte gegen sich selbst) und großen Mut.

Der Taekwondo-Sport stellt an den Schüler hohe physische und psychische Anforderungen, welche aber von jedem gesunden Menschen erfüllt werden können.

Was ist »Do«?

Da beim Taekwondo nicht allein der sportliche, sondern auch der geistige Wert im Vordergrund steht und in engem Zusammenhang mit dem Training zu sehen ist, sei dem »Do« ein eigener Abschnitt gewidmet: »Do« ist der Weg, der Grundsatz (das Prinzip), die Lehre, die offene und unvoreingenommene subjektive Seele, die Geisteshaltung allgemein.

- *Weg* ist der Begriff des Lebens, d.h. ein Studium und eine Übungsmethode für Geist und Körper auf allen Lebenswegen.
- *Grundsatz* ist die Bildung von moralischem Denken (Höflichkeit), von Mut und Ausdauer, Selbstüberwindung, Gerech-

tigkeit, Menschlichkeit, Selbstdisziplin, Konzentration, Leistungswillen, Selbstkontrolle.
- *Lehre* ist ein System, das die harmonische Entwicklung des Körpers sowie die geistige und moralische Kultur zum Ziel hat. Dies umfaßt die körperliche Erziehung und Ertüchtigung mit der Ausbildung der psychischen Seite, d.h. des Wissens und der geistigen Kraft.

Die Geisteshaltung im Taekwondo

Werden die Taekwondo-Techniken richtig angewendet und beherrscht, so dient »Do«

- der *Tugend* (»Dok«) zur Vervollkommnung des Charakters durch die geistige und moralische Erziehung (z.B. Höflichkeit, Bescheidenheit, Ehrgefühl),
- dem *Edelmut* (»In«) zum körperlichen und geistigen Meistern des Ichs (z.B. Unermüdlichkeit, Selbstbeherrschung, Geduld, Gerechtigkeit) und
- der *Kunst* (»Ye«) zur Stärkung des Körpers und des Geistes durch die hohe Kunst des Fuß- und Handkampfes.

Damit beim Taekwondo die körperliche Kraft in die richtigen Bahnen gelenkt wird, ist es äußerst wichtig, daß alle Teilnehmer regelmäßig, diszipliniert und unter Einhaltung der Regeln am Training teilnehmen. Ferner müssen die Schüler innerlich gefestigt, d.h. nicht leicht erregbar sein.

Das höchste Ziel des Taekwondo-Trainings ist es, nicht rücksichtslos vorzugehen, sondern durch Disziplin und Körperbeherrschung die persönliche Geisteshaltung auszubilden.

Ohne die Beachtung dieser Ziele und Inhalte kann Taekwondo zu einem gefährlichen, ja brutalen Sport werden; dies wurde bereits weiter vorne erwähnt. Durch das wissenschaftlich kontrollierte Training von Taekwondo werden bestimmte Körperteile, z. B. Hände und Füße, in ihrer Funktion so verändert, daß sie ähnlich wie ein Messer, ein Hammer oder eine Lanze wirken. Das Erreichen dieser Fähigkeit hängt ab von einem kontinuierlichen Training, von Geduld und Ausdauer, von der Geisteshaltung und der Fähigkeit, alle Sinne und alle Kraft auf einen bestimmten Punkt zu konzentrieren. Selbst physisch schwächeren Menschen ermöglicht das Taekwondo-Training, einen starken Gegner durch schnelles, konzentriertes und zielgerichtetes Angreifen zu besiegen.

> Ständiges Training verhilft einerseits dazu, geringe Kraft zu steigern, und andererseits, seine körperliche Kraft wirkungsvoll einzusetzen.

Während der Ausübung des Taekwondo-Sports wird der Körper gekräftigt, er wird geschmeidig, elastisch und stark. Neben dem körperlichen Wohlbefinden stellt sich eine geistig positive Haltung ein – ja, es vollzieht sich ein innerer Prozeß, der scheinbar im Gegensatz zu dieser doch recht harten Kriegskunst steht, sind doch, isoliert betrachtet, die erlernten Kenntnisse in der Hand eines Könners ein tödliches Instrument! Dennoch ist es der langen, strengen Schule des Taekwondo zuzuschreiben, daß so gut wie keine Schläger oder Rüpel aus dem Lager dieser Sportart kommen.

> Taekwondo schult Geist *und* Körper.

Bereits die ersten Übungsphasen der Grundtechnik erhöhen Ausdauer und Willenskraft des Übenden. Ist diese Stufe erklommen, merkt der Schüler, daß nur mit Geduld etwas zu erreichen ist. Der Umgang mit dem Meister und den bereits weiter fortgeschrittenen Schülern lehrt ihn, höflich und bescheiden zu sein, führt aber auch zur Auseinandersetzung mit sich selbst und den anderen.

Beim sportlichen Wettkampf werden Eigenschaften wie Selbstbeherrschung, Ehrenhaftigkeit und Gerechtigkeit gefördert. Daneben lernt man durch fortdauerndes Training mit den Mitschülern das Gefühl der Zusammengehörigkeit kennen. Daraus entwickeln sich Eigenschaften wie Integrität, Treue und Hilfsbereitschaft. Das Zusammenwirken dieser Eigenschaften und deren stetige Weiterentwicklung wird mit dem Begriff »Do« verständlich gemacht.

Der Dojang (Übungsraum)

Der *Dojang* – ein Ort der inneren Sammlung – ist ein Raum, in dem junge und alte, männliche und weibliche Sportler ungeachtet ihrer Rassen- und Religionszugehörigkeit zusammenkommen, um Taekwondo zu trainieren und damit die Kunst zu entwickeln, ihre physischen, psychischen und ethischen Fähigkeiten und Wertvorstellungen zu verbessern. Voraussetzung zur Erreichung dieses Zieles ist die Anleitung durch einen sowohl geistig als auch körperlich gut geschulten Trainer.

Der Taekwondo-Lehrer *(Sabom)* schafft hier durch Autorität und Ausstrahlung eine Atmosphäre, in der sich der Schüler von seinen

Allgemeines zu Technik und Training

Alltagsgedanken entfernt und konzentriert seinen Trainingsaufgaben widmet. Durch seine Erfahrung und mit pädagogischem Geschick hilft der Meister dem Schüler über auftauchende Schwierigkeiten hinweg. Nur wer selbst ein solches Training absolviert hat, kann ermessen, wie günstig sich strenge Selbstdisziplin und die dadurch entstandene Atmosphäre auf den eigenen Fortschritt auswirken.

Der Kyongle (Respektbezeugung)

Jeder Taekwondo-Sportler sollte lernen, nicht nur genau den Richtlinien zu folgen, sondern innerhalb wie außerhalb der Trainingsstätte gewisse Formen einzuhalten, wie sie die Geisteshaltung dieser Sportart lehrt. Der Respekt gegenüber einem höheren Gürtelträger sollte unbedingt gewahrt bleiben. Der koreanische Gruß *Kyongle* (sprich: Kyongne) setzt sich aus zwei Wörtern zusammen:

Kyong: Achtung (des Partners),
Le: Höflichkeit, Etikette.

Um seine Achtung gegenüber dem Trainingspartner zu erweisen, verbeugen sich beide und schauen sich in die Augen.
Beim Training: Vor und nach jedem Training gibt der höchste Gürtelträger (er steht links vom Trainer) das Kommando *»charyot sabom nim ke kyongle«*. Daraufhin verbeugen sich alle Sportler gleichzeitig vor ihrem Trainer.
Bei Partnerübungen und beim Kampf gibt der Trainer bzw. Kampfleiter das Kommando *»charyot, kyongle«* zur Begrüßung.

Das Kihap (Konzentrierte Kraft)

Das koreanische Wort *Kihap* setzt sich aus zwei Begriffen zusammen:

Ki: Geistes- und Körperkraft, d. h. Bioenergie,
Hap: auf einen Punkt konzentrieren.

Wie entsteht das Kihap?

Um Geistes- und Körperkraft mit der Technik zu vereinen, konzentriert man sich auf einen Punkt, sammelt seine Atemluft im Bauchraum und stößt diese dann beim Angriff mit einem lauten, kurzen Schrei *(»Yat«)* heraus, wobei folgendermaßen zu unterscheiden ist:

- **Poomse:** Hier gibt es ein oder zwei *Kihap*, d. h. bestimmte Stellen, die eine besondere Konzentration verlangen. Bei jedem Training und bei den Prüfungen wird darauf besonderes Augenmerk gelegt.
- **Partnerübungen** *(Hanbon-kyorugi):* Hier unterscheidet man zwischen Angreifer und Verteidiger: Das *Kihap* des Angreifers bedeutet, daß sich der Verteidiger auf eine konzentrierte Kontertechnik vorzubereiten hat; dann erfolgt das *Kihap* des Verteidigers, welches den Angriff auslöst.
- **Freikampf** *(Jayu-kyorugi):* Beim Kampf will man einerseits durch das *Kihap* den Gegner einschüchtern, andererseits jedoch gezielt angreifen.

Um einen besseren Überblick über Taekwondo insgesamt zu bekommen, sind an dieser Stelle die verschiedenen Techniken tabellarisch aufgeführt. In diesem wie in den folgendem Kapitel sind sie entsprechend ausführlich beschrieben. Im Übungsteil werden die einzelnen Bewegungsfolgen der Poomsen Palgue und Taeguk 1–8 Jang, Koryo, Kumgang sowie Taebaek detailliert in Wort und Bild dargestellt.

Taekwondo-Techniken im Überblick

Sogi	– Stellung	→ Seite 25
Makki	– Block, Abwehr	→ Seite 29
Konggyokki	– Angriffstechnik	→ Seite 32
□ **Jirugi**	□ Stoß mit der Faust	
□ **Chirugi**	□ Stich mit den Fingerspitzen	
□ **Chigi**	□ Schlag	
□ **Chagi**	□ Schlag, Tritt	
Poomse	– Kombination von Grundbewegungen gegen einen imaginären Gegner, Kunstbewegungsform	→ Seite 37 und 61 ff.
Hanbon-kyorugi	– Vorgegebene Partnerübung	→ Seite 38
Baljitki	– Steptechnik	→ Seite 41
Hosinsul	– Selbstverteidigungskunst	→ Seite 44
Kyokpa	– Bruchtest	→ Seite 46

Sogi (Stellung)

Die verschiedenen Stellungen bilden die Basis für fast alle Techniken im Taekwondo. Richtig ausgeführt, verhelfen sie in erster Linie zu einem festen Stand und einem ungewöhnlich hohen Gleichgewicht, das im Sport ganz generell und im Taekwondo im besonderen eines der wichtigsten Kriterien ist. Es gibt einige Stellungen, die lediglich zur Vorbereitung des Trainings oder des Kampfes dienen; andere werden nur ganz kurz eingenommen, um eine Technik auszuführen oder um sich zu bewegen, wieder andere dienen der ständigen Kampfstellung.

Der Oberkörper wird immer aufrecht gehalten; Neigungen zur Seite, nach vorn oder nach hinten können Gleichgewichtsverlust bedeuten und der Kämpfende kann so in eine für den Kampfausgang ungünstige Lage geraten.
Im Moment der Stellungseinnahme muß immer ein ständiger Wechsel zwischen Spannung und Entspannung herrschen. Bliebe der ganze Körper stets locker, wären die ausgeübten Techniken zu schwach; wäre der Körper dagegen immer angespannt, so würde man viel zu schnell ermüden und die ausgeführten Techniken wären zu langsam.

Grundtechniken

Moa-sogi (Geschlossene Stellung)

Eine Stellung, bei der sich die Innenseiten
der Füße berühren.

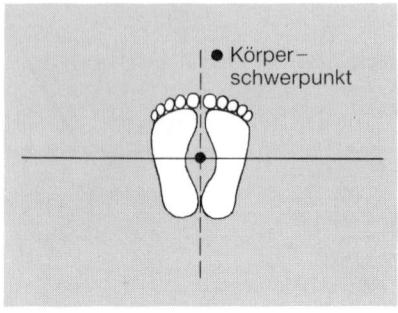

Charyot-sogi (Zehenoffene Stellung; Achtungsstellung)

Die Fersen berühren einander, die Füße zeigen 22,5° nach außen. Diese Stellung dient
der Vorbereitung und der Konzentration,
und so begrüßen sich die Taekwondo-
Sportler.

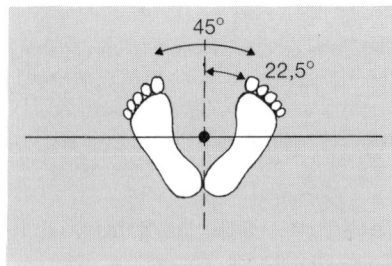

Kyorumse (Grundkampfstellung)

Aus Charyot-sogi wird zuerst der rechte Fuß
zurückgesetzt. Abstand zwischen den
Füßen: 1½ Schulterbreiten. Die Kniegelenke sind leicht gebeugt, die Fäuste

Kyorumse (Grundkampfstellung)

werden vor der Brust gehalten. Der Schwerpunkt ist etwa in der Körpermitte. (Siehe Abbildung oben.)

Pyonhi-sogi (Zehenoffene Parallel-stellung; Ausgangsstellung)

Die Füße stehen im Abstand von einer Fußlänge leicht nach außen (22,5°). Die Knie
sind durchgedrückt.

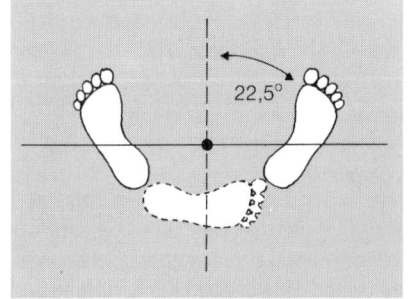

Sogi

Naranhi-sogi (Offene Parallelstellung)

Die Füße stehen parallel zueinander mit einem Fuß Abstand. Diese Stellung ist auch eine typische Vorbereitungsstellung; eine andere Bezeichnung dafür ist **Junbi-sogi.**

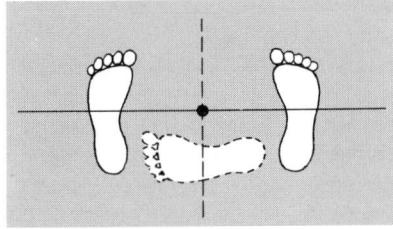

Juchum-sogi (Sitzstellung)

Beide Füße stehen fest und parallel zueinander am Boden. Der Abstand zwischen den Füßen beträgt ca. 2 Fußlängen. Die Knie sind leicht gebeugt (Winkel zwischen Ober- und Unterschenkel ca. 135°) und der Oberkörper ist aufrecht; das Körpergewicht ist genau auf beide Beine verteilt. **Juchumse** ist eine Haltung mit Juchumsogi.

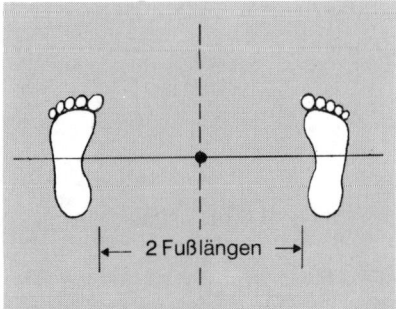

Apkubi (Vorwärtsstellung)

Beide Fußsohlen stehen fest auf dem Boden, die Zehen zeigen nach vorn. Der hintere Fuß kann um ca. 22,5° nach außen gedreht werden. Das hintere Bein ist gestreckt, das vordere leicht gebeugt. Der Oberkörper ist aufrecht, das Körpergewicht ruht in der Mitte zwischen beiden Füßen.

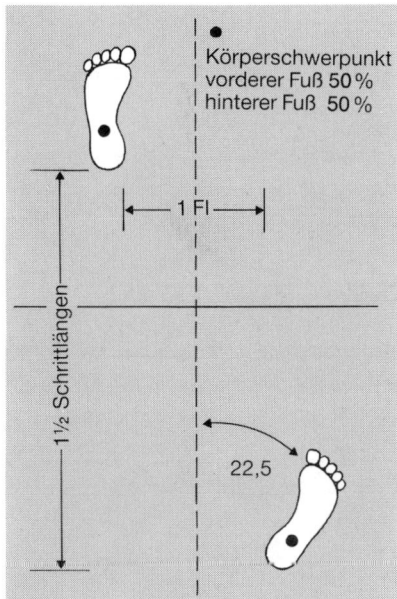

Apsogi (Kleine Vorwärtsstellung, Schrittstellung)

Beim normalen Vorwärtsgehen wird das Körpergewicht leicht auf den vorderen Fuß verlagert. Bleiben Sie so stehen **(Apsogi)** und behalten Sie diese Stellung bei. Der hintere Fuß zeigt um 22,5° nach außen. (Grafik siehe folgende Seite.)

27

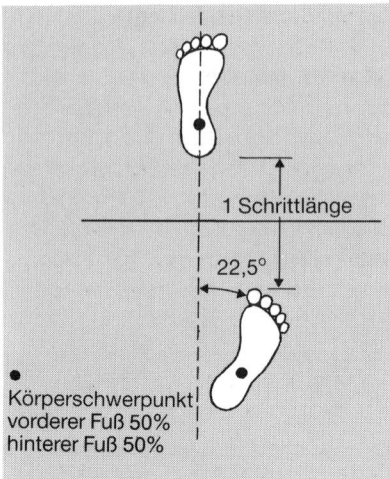

Apsogi (Vorwärts-, Schrittstellung)

1 Schrittlänge

22,5°

Körperschwerpunkt
vorderer Fuß 50%
hinterer Fuß 50%

beugt, daß es über die Zehen des hinteren Fußes zeigt. Der Oberkörper ist aufrecht und befindet sich seitlich. Fast das gesamte Körpergewicht lastet auf dem hinteren Bein.

Bomsogi (Tigerstellung, kleine Rückwärtsstellung)

Ausgehend von Charyot-sogi wird ein Fuß eine Fußlänge nach vorn gesetzt. Die Ferse des vorderen Fußes wird nun angehoben, bis nur noch die Fußspitze ab dem Ballen den Boden berührt. Das Knie des hinteren Beines wird gebeugt, dadurch ist der Körper abgesenkt. Fast das ganze Körpergewicht lastet auf dem hinteren Bein.

Dwitkubi (Rückwärtsstellung)

Beide Füße stehen fest auf dem Boden. Der vordere Fuß zeigt nach vorn, der hintere 90° nach außen. Das hintere Knie ist so ge-

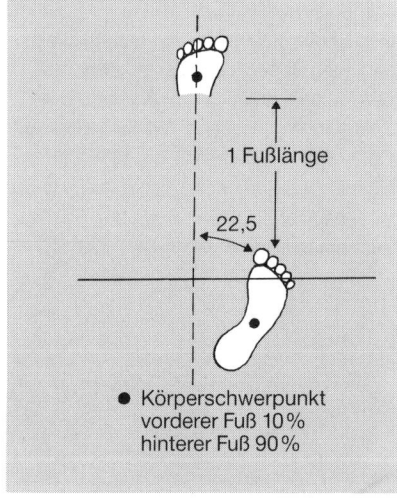

1 Fußlänge

22,5

Körperschwerpunkt
vorderer Fuß 10%
hinterer Fuß 90%

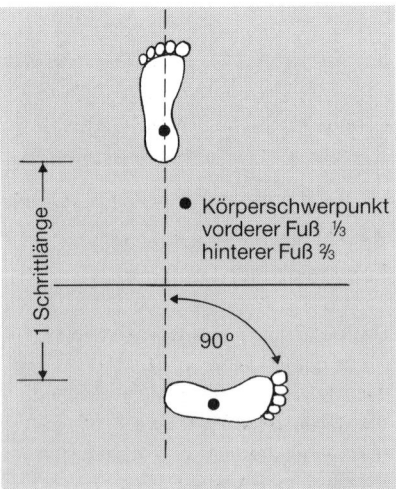

1 Schrittlänge

Körperschwerpunkt
vorderer Fuß ⅓
hinterer Fuß ⅔

90°

Hakdari-sogi (Kranichbeinstellung)

Diese Stellung dient der Vorbereitung eines Tritts. Der Standfuß steht fest am Boden,

Hakdari-sogi (Kranichbeinstellung)

Kkoa-sogi (Überkreuzstellung)

das Standbein ist leicht gebeugt. Der Fuß des anderen Beins wird bis zum Knie des Standbeins hochgezogen.

Kkoa-sogi (Überkreuzstellung)

Kkoa-sogi ist die typische Stellung für schnelle Seitwärts- bzw. Vorwärtsbewegungen. Die Beine sind überkreuzt. Der Fuß des Standbeins steht voll am Boden, der andere Fuß berührt vorerst nur mit dem Fußballen den Boden. Beide Knie sind leicht gebeugt. Der Oberkörper ist aufrecht, der Blick geht in Angriffsrichtung.
Es gibt zwei Ausführungen: **Apkkoa-sogi** (Seitwärtsbewegung: der unterstützende Fuß ist vorn) und **Dwitkkoa-sogi** (Vorwärtsbewegung: der unterstützende Fuß ist hinten).

Makki (Block, Abwehr)

Abwehrtechniken sollen den Kämpfer vor Treffern schützen und auf einen möglichen Gegenangriff vorbereiten. Beim Training werden zwei Arten von Blocktechniken unterschieden:

- die schulmäßige Abwehr (Grundschule),
- die kampfmäßige Abwehr (Kampf).

Die in der *Grundschule* (z. B. Kombination, Poomse) gelehrte Abwehr umfaßt alle Abwehrtechniken, die ein Taekwondo-Kämpfer in jeder augenblicklichen Haltung optimal einsetzen sollte.
Die *kampfmäßige Verteidigung* wird ökonomisch auf den Bewegungsablauf abgestimmt, da dem Kämpfer für weit ausholen-

Grundtechniken

de Bewegungen fast keine Zeit bleibt. Abgewehrt wird aus der Deckung heraus.
Die meisten Blocktechniken funktionieren nach dem Prinzip der Ablenkung. Das heißt, eine sich schnell bewegende Masse, z. B. die Faust, wird nicht direkt gestoppt, sondern es wird nur die Richtung des Fauststoßes durch diverse Blocks verändert. Natürlich gibt es auch Techniken, die einen Angriff direkt stoppen bzw. seine Geschwindigkeit soweit herabsetzen, daß z. B. ein Fuß im Moment des Auftreffens seine Wirkung verloren hat.

streckten Lage mit der Faust zur Hüfte in die Ausgangsstellung zurückgeführt. Die Bewegung des Blockarms endet ca. 25 cm über dem vorderen Knie, wobei der Arm in der Endphase leicht gebeugt ist. Die Schulter ist etwas vorgeschoben.
Abgewehrt wird mit dem äußeren Unterarm. Die Faust des Blockarms steht vor der Körpermitte.
Bei jeder Blocktechnik muß ein optimaler Wechsel zwischen Spannung und Entspannung herrschen, um die größtmögliche Wucht zu erreichen.

Arae-makki (Tiefblock)

In der Grundschule beginnt Arae-makki an der senkrechten Linie der gegenüberliegenden Schulter in Schulterhöhe, der Faustrücken zeigt nach oben. Der andere Arm (Faustrücken nach oben) kreuzt den Blockarm und wird gleichzeitig, während die Blocktechnik ausgeführt wird, aus der ge-

Momtong-makki (Rumpfblock)

In dieser Abwehrtechnik gibt es viele Variationen, je nach Haltung der Hände und Art der Abwehr. Die Standardform ist **Momtong-bakkat-makki** (siehe gegenüberliegende Seite). Abgewehrt wird mit dem äußeren oder inneren Unterarm, öfters aber mit dem äußeren Unterarm.

Arae-makki (Tiefblock)   Yop-makki (Seitblock)

An-makki (Innenblock)

Bakkat-makki (Außenblock)   Olgul-makki (Gesichtsblock)   Sonnal-makki (Handkantenblock)

Momtong-yop-makki (Rumpf-Seit-block)

Dieser Block beginnt an der gegenüberliegenden Hüfte. Die Faust des Blockarms ist nach oben gedreht und der andere Arm kreuzt ihn. Am zurückgehenden Arm – Faust zeigt zur Hüfte – geht der Blockarm außen vorbei und wird kurz vor dem Endpunkt mit dem Innenarm nach oben gedreht. Maximale Beschleunigung und Spannung im letzten Drittel der Gesamtbewegung. Der Arm ist im Ellbogengelenk um 90° gebeugt.

Momtong-an-makki (Rumpf-Innen-block)

Hier wird mit dem äußeren Unterarm (Bakkat-palmok) von außen nach innen zum Rumpf abgewehrt. Man setzt seitlich des Körpers an und bringt dann den Arm mit der geballten Faust nach vorn. Kurz vor dem Ziel wird der Unterarm gegenüber der Mitte des Körpers nach innen gedreht.

Momtong-bakkat-makki (Rumpf-Außenblock)

Hier wird mit dem äußeren Unterarm (Bakkat-palmok) zum Rumpf von innen nach außen abgewehrt.

Olgul-makki (Gesichtsblock)

Der blockende Arm wird beim Üben direkt von der Hüfte vor dem anderen Arm nach oben geführt und im letzten Moment mit dem äußeren Unterarm nach oben gedreht. Optimale Beschleunigung und Spannung im letzten Drittel der Gesamtbewegung.

Sonnal-makki (Handkantenblock)

Abwehr mit den Handkanten vor der linken bzw. rechten Rumpfseite. Eine Handkante seitwärts zur Schlagabwehr nach außen drehen, die andere (Handfläche zeigt nach oben) ist ca. 3 cm vor dem Solarplexus.

Grundtechniken

Hechyo-makki (Beiseite-Schubblock)

Beide Arme werden vor der Brust gekreuzt und zwar so, daß die Faustrücken nach vorn zeigen. Dann führt man beide Arme seitlich nach vorn, wobei deren Außenseite nach auswärts gedreht wird. Die Endphase der Bewegung ist erreicht, wenn sich beide Fäuste gegenüber den Schultern befinden. Die Arme sind etwa 90° angewinkelt, die Ellbogen sind leicht nach außen gerichtet.

Hechyo-makki (Beiseite-Schubblock)

Weitere Abwehrtechniken

Nullo-makki	– Abwärtsblock mit den Handballen
Han-sonnal-makki	– Block mit einer Handkante
Otgoro-makki, z. B.	– Kreuzabwehr (Block mit gekreuzten Armen)
Otgoro-arae-makki	Tiefkreuzblock
Otgoro-olgul-makki	Gesichtskreuzblock
Goduro-makki, z. B.	– Abwehr mit Unterstützung
Goduro-arae-makki	Tiefblock mit Unterstützung
Goduro-momtong-makki	Rumpfblock mit Unterstützung
Goduro-olgul-makki	Gesichtsblock mit Unterstützung

Konggyokki (Angriffstechnik)

Die Angriffstechniken des Taekwondo werden zu den verschiedensten Zwecken angewandt. Während die einen Technikarten betäuben, da durch sie der Blutkreislauf unterbrochen wird, halten andere vom Angriff ab, da sie an ungefährlichen Körperstellen zwar schwächer, aber doch schmerzhaft eingesetzt werden. Wieder andere Techniken

führen zu schweren inneren und äußeren Verletzungen, die sogar lebensgefährlich sein können.

Die Angriffstechniken unterteilen sich in Hand-(Arm-) und Fuß-(Bein-)techniken:

- **Jirugi:** Stoß mit der Faust
- **Chirugi:** Stich mit den Fingerspitzen
- **Chigi:** Schlag
- **Chagi:** Schlag, Tritt

Die mit der Hand auszuführenden Stoß- und Stichtechniken sind am schnellsten für den Angriff nutzbar. Die Schlagtechniken sind etwas langsamer, aber nicht weniger wirkungsvoll. Am langsamsten sind die Fußtechniken, dafür haben sie aber noch größere Durchschlagkraft.

Handtechniken

Jirugi (Rumpfstoß)

Jirugi bedeutet: mit der Faust aus der Hüfte zum Ziel stoßen.

Die Faust muß beim Aufprall (auch beim imaginären) immer fest geballt sein und mit großer Geschwindigkeit aus der Hüfte geschleudert werden. Da die von der Faust zurückzulegende Entfernung möglichst gering sein muß oder soll, wird sie durch eine Drehung von 180° zusätzlich beschleunigt, d. h. der Faustrücken wird nach unten gedreht, bevor man die Faust aus der Hüfte reißt.

Während die zum Boxen benützte Faust in Bewegung gesetzt wird, zieht man die andere Faust mit einer Drehbewegung wieder zur Hüfte zurück (Prinzip der Gegendrehung); außerdem soll man zu Beginn des Fauststoßes die Hüfte leicht nach oben strecken und beim Aufprall wieder senken. Der Stoß erreicht damit seine größte Wirkung. Die Hüft- und Bauchmuskeln müssen beim Aufprall angespannt sein.

Baro-jirugi (Gegenseitiger Stoß)

Diese Handtechnik wird mit der Faust jener Körperseite ausgeführt, auf welcher der Fuß zurückgestellt ist (Prinzip der Gehbewegung).

Bandae-jirugi (Gleichseitiger Stoß)

Diese Handtechnik wird mit der Faust jener Körperseite ausgeführt, auf welcher der Fuß vorgestellt ist.

Baro-jirugi (Gegenseitiger Stoß)

Bandae-jirugi (Gleichseitiger Stoß)

Sonnal-chigi (Handkanten-schlag)　Apchagi (Vorwärtstritt)　Dollyo-chagi (Drehschlag)

Sonnal-chigi (Handkantenschlag)

Die Handkante wird folgendermaßen gebildet: Die Finger sind gestreckt und der Daumen ist angewinkelt. Getroffen wird mit der Handkante zwischen dem kleinen Finger und dem Handgelenk.

Beintechniken

Apchagi (Vorwärtstritt)

Bei dieser Technik muß das kickende Bein sehr nahe am Standbein vorbeigeführt werden, wobei das Standbein häufig um ca. 60° nach außen gedreht wird.
Das Knie des Kickbeines muß möglichst hoch geführt werden, der Kniegelenkswinkel wird verkleinert, sodann wird das Bein wieder durchgestreckt.
Der Gegner muß mit dem Fußballen getroffen werden; das bedeutet, die Zehen sind im Moment des Aufpralls nach hinten in Richtung des Fußrückens angezogen.

Dollyo-chagi (Drehschlag)

Knie und Oberschenkel des schlagenden Beines werden durch die Beugung des Hüftgelenks gehoben. Gleichzeitig muß eine Schnappbewegung des angezogenen Unterschenkels nach vorn ausgeführt werden. Dabei wird das Standbein zwischen 90 und 120° gedreht.
Im Kampf trifft man den Gegner mit dem Fußrücken, beim Bruchtest trifft man mit dem Ballen.
Dollyo-chagi wird im Wettkampf am häufigsten angewendet; die Technik ist sehr wirkungsvoll, die Angriffsziele sind der Rumpf oder das Gesicht des Gegners.

Yop-chagi (Seitwärtstritt)
(Abbildung s. gegenüberliegende Seite)

Knie und Oberschenkel werden durch die Beugung des Hüftgelenks gehoben. Der Tritt des gebeugten Schlagbeines wird durch eine Drehung des Rumpfes zum Ziel hin unterstützt. Fuß und Zehen sind dabei angewinkelt. Die Fußkante wird waagerecht zum Boden gehalten und das Knie des Schlagbeines muß tiefer als dessen Ferse

Yop-chagi (Seitwärtstritt)

Dwitchagi (Rückwärtstritt)

gehalten werden. Nach korrekter Ausführung ist das kickende Bein vollkommen durchgestreckt.

Dwitchagi (Rückwärtstritt)

Das Standbein wird um 180° nach hinten gedreht. An ihm wird das kickende Bein dicht vorbeigeführt und der Gegner wird mit der Fußkante oder mit der Fußsohle getroffen. Das Knie des kickenden Beines muß möglichst tief gehalten werden, bis das Bein durchgestreckt und angespannt ist.
Dieser Kick eignet sich besonders gut als Konterkick, bedarf jedoch einer intensiven Trainingsarbeit, um ihn exakt auszuführen.

Dwi-dollyo-chagi (Rückwärts-Drehschlag)

Das Standbein stellt die Achse für eine Drehung um 180 bzw. 360° dar. Das Kickbein wird durch die Drehung des Körpers um seine Längsachse beschleunigt. Das Ziel wird mit der Ferse oder gesamten Fußsohle getroffen.
Hält man das kickende Bein völlig gestreckt, so wird es nur durch die Körperdrehung be-

schleunigt. Winkelt man aber vor dem Aufprall zusätzlich noch den Unterschenkel an, so erzielt man dadurch in der Endphase eine zusätzliche Beschleunigung; die Wucht beim Aufprall verdoppelt sich dadurch.
Das Ziel des Angriffs ist das Gesicht des Gegners.

Dwi-dollyo-chagi (Rückwärts-Drehschlag)

Grundtechniken

Angriffstechniken im Überblick

Jirugi (Stoßtechnik)

Baro-jirugi	– Gegenseitiger Stoß
Bandae-jirugi	– Gleichseitiger Stoß
Yop-jirugi	– Seitwärtsstoß
Dollyo-jirugi	– Halbkreisstoß, Drehstoß
Naeryo-jirugi	– Abwärtsstoß
Chi-jirugi	– Aufwärtsstoß
Sewo-jirugi	– Vertikalstoß
Jechyo-jirugi	– Stoß mit nach oben gedrehter Faust

Chirugi (Stichtechnik)

Pyonsonkut-sewo-chirugi	– Finger(spitzen)stich senkrecht
Pyonsonkut-opo-chirugi	– Fingerstich waagrecht
Pyonsonkut-jechyo-chirugi	– Fingerstich mit nach oben gedrehter Handfläche
Gawisonkut-chirugi	– Fingerstich in Scherenform

Chigi (Schlagtechnik)

Anchigi	– Schlag nach innen
Apchigi	– Schlag nach vorn
Bakkat-chigi	– Schlag nach außen
Naeryo-chigi	– Abwärtsschlag
Ollyo-chigi	– Aufwärtsschlag
z. B. mit **Palgup**	z. B. mit Ellbogen
Jumok, Murup	Faust, Knie

Chagi (Trittechnik)

Apchagi	– Vorwärts(fuß)tritt
Yop-chagi	– Seitwärtstritt
Dollyo-chagi	– Halbkreistritt, Drehschlag
z. B. **Bandal-chagi**	Mischformen von Apchagi und Dollyo-chagi
Baldung-dollyo-chagi	Dollyo-chagi mit dem Rist
Bakkat-dollyo-chagi	Auswärtsdrehschlag
Dwi-dollyo-chagi	Rückwärtsdrehschlag
(Mom-dollyo-chagi)	
Huryo-chagi (An)	– Peitschenschlag (nach innen)
z. B. **Bakkat-huryo-chagi**	z. B. Peitschenschlag nach außen
Milo-chagi	– Schubkick
z. B. **Ap-milo-chagi**	z. B. Schubkick nach vorn
Yop-milo-chagi	Schubkick zur Seite

Naeryo-chagi	– Abwärtstritt
Twio-chagi	– Tritt im Sprung
z. B. **Twio-apchagi**	z. B. Apchagi im Sprung
Twio-yop-chagi	Yop-chagi im Sprung
Twio-dollyo-chagi	Dollyo-chagi im Sprung
Twio-dwi-dollyo-chagi	Dwi-dollyo-chagi im Sprung
Gawi-chagi	– Tritt mit beiden Beinen gespreizt (Scherentritt)
Modumbal-chagi	– Tritt mit beiden Füßen gleichzeitig gegen das Ziel
z. B. **Modumbal-apchagi**	z. B. Tritt mit den Füßen vorwärts
Modumbal-yop-chagi	Tritt mit den Füßen seitwärts
Dubaldangsong	– Tritt mit beiden Füßen nacheinander im Sprung

Poom und Poomse

Bewegungsform und Kombination von verschiedenen Bewegungen gegen einen imaginären Partner

Den Poomsen [Pumsen] ist der umfangreiche Übungsteil gewidmet (s. Seite 66ff.).

Als Ergänzung zum Technikkapitel sind unten in tabellarischer Reihenfolge einige typische Bewegungsabläufe bzw. Hand- und Armstellungen genannt, die im Übungsteil wiederkehren. Ebenfalls bezeichnet sind die genauen Stellen der Bewegungen innerhalb der einzelnen Poomsen:

Wichtige Poom aus den verschiedenen Poomsen

Bo-jumok	Taeguk 7 Jang (11)
Dolchogwi	Scharnier
z. B. **Jagun-dolchogwi**	Palgue 8 Jang (16, 22)
Kun-dolchogwi	Kumgang (9, 10, 16, 17, 19, 20, 26, 27)
Dwi-chigi	Palgue 8 Jang (31)
Dwi-jirugi	Palgue 8 Jang (34, 35)
Gawi-makki	Palgue 5 Jang (1, 10, 24); Taeguk 7 Jang (12, 13)
Gyopson	Palgue 8 Jang (32)
Jebipum-mok-chigi	Palgue 6 Jang (6); Taeguk 4 Jang (5, 13); Taebaek (5)
Jebipum-tok-chigi	Palgue 6 Jang (15)
Kumgang-makki	Kumgang (8, 15, 18, 25)
Kumgang-momtong-makki	Palgue 4 Jang (1, 4, 11, 14); Taebaek (9, 14)
Monge-paegi	Jochbefreiung: Palgue 8 Jang (33)
Oesantul-makki	Palgue 7 Jang (21); Taeguk 8 Jang (5, 7)
Pyojok-chigi	Palgue 7 Jang (20); Taeguk 7 Jang (21, 23); Koryo (26)
Pyojok-jirugi	Koryo (17, 22)
Santul-makki	Kumgang (11, 14, 21, 24)

Kombinationstechniken

Kombination der Grundtechniken

Wenn die Grundtechniken beherrscht werden, kann der Taekwondo-Schüler daran gehen, die einzelnen Techniken miteinander zu kombinieren (siehe unten). Dies dient der Vorbereitung für die Palgue- und Taeguk-Poomse, wie zum Beispiel bei **Apchagi** (Vorwärtstritt) und **Yop-chagi** (Seitwärtstritt). Trainiert werden:

- beim Vorgehen **Apkubi** (Vorwärtsstellung) zur Gleichgewichtsschulung,
- beim Zurückgehen **Kyorumse** (Grundkampfstellung) für den praktischen Wettkampf.

Hanbon-kyorugi (Partnerübung)

Wichtige Kriterien für das Hanbon-kyorugi

- *Geist:* Blick, geistige Konzentration.
- *Bewegung:* Genauigkeit in Angriff und Abwehr, richtige Entfernung (Distanzregulierung).
- *Kihap:* Atmungskontrolle. Kampfschrei zur Mobilisation von innerer Kraft *(Ki)* und Konzentration als Signal zum Angriff und zur Verteidigung.
- *Kraft:* Richtiges Dosieren des Krafteinsatzes (stark/schwach).

Gibon-dongjakse (Kombination der Grundtechniken)

Technik	Stellung	
	nach vorn	nach hinten
1. **Arae-makki**	Apkubi	Apsogi
2. **Momtong-bandae-jirugi**	Apkubi	Apsogi
3. **Momtong-yop-makki** →	Dwitkubi	
Momtong-bakkat-makki		Apkubi
4. **Momtong-makki** →	Apkubi	
Momtong-an-makki		Apsogi
5. **Apchagi**	Apkubi	Kyorumse
6. **Sonnal-chigi** →	Apkubi	
Sonnal-anchigi		Apsogi
7. **Olgul-makki**	Apkubi	Apsogi
8. **Yop-chagi**	Apkubi	Kyorumse
9. **Sonnal-momtong-makki**	Dwitkubi	Dwitkubi
10. **Momtong-baro-jirugi**	Apkubi	Apsogi

Hinweise:
Sijak: Am Anfang von Junbi-sogi aus, mit dem rechten Fuß zurücktretend, beginnen.
Zum Schluß von **Apsogi** auf **Apkubi**: Momtong-baro-jirugi (Kihap).
Guman: Wieder zurück mit dem hinteren Fuß **(Junbi-sogi).**

- *Ausdehnung des Körpers:* Elastizität des Körpers.
- *Gewandtheit:* Spezielle Begabung.

Grundprinzipien

1. Beide Sportler stehen sich in einer Entfernung von etwa 1 m gegenüber.
2. Vor und nach jeder Begegnung verbeugen sich beide voreinander.
3. Während der gesamten Übungszeit halten die Partner Blickkontakt.
4. Beide Sportler wechseln sich mit Angriff und Verteidigung ab.
5. Die Abfangbewegung mit einem angemessenen Abwehr»werkzeug« erfolgt unmittelbar vor dem Auftreffen des Angriffs-»werkzeuges« auf einer kritischen Körperstelle.
6. Das Ausweichen sollte in einem solchen Abstand vom Partner stattfinden, daß der Gegenangriff ohne Schwierigkeiten in einer Bewegung erfolgen kann.
7. Der Gegenangriff sollte sofort nach der letzten Verteidigungsbewegung erfolgen.
8. Jeder der beiden Partner wendet die Techniken an, die er aus Übungsfiguren oder Grundübungen gelernt hat.
9. Die rechts- und linksgerichteten Angriffs- und Verteidigungstechniken sollten gleichmäßig oft angewandt werden.

Handtechnik

Übung:
Junbi-sogi (Vorbereitungsstellung)
Konggyokki (Angriffstechnik)
Bangoki (Blocktechnik)

Bewegungsablauf:

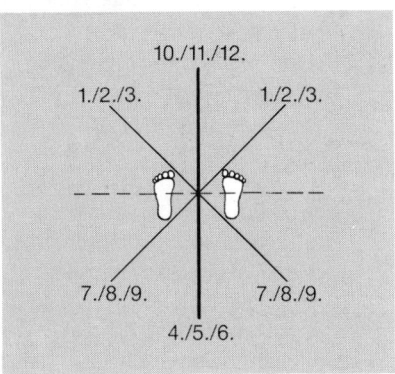

bei 1./2./3.:
Juchum-sogi
bei 4./5./6.:
Dwitkubi: ⅔ rückwärts, ⅓ vorwärts
bei 7./8./9.:
Apkubi: 1 Schritt rückwärts, ½ Schritt vorwärts
bei 10./11./12.:
Apsogi: 1 Schritt vorwärts

Erläuterung:

Oen:	links	aps:	Apsogi
Orun:	rechts	d:	Dwitkubi
a:	Apkubi	j:	Juchum-sogi

→ Alle Techniken sollen rechts und links beherrscht und ausgeführt werden. Die folgenden Aktionen wurden der Einfachheit halber nur rechtsseitig dargestellt.

Kombinationstechniken

Aktion:
1. **Oen-sonnal (Olgul-bakkat)-makki**
   Orun-momtong-jirugi und **Oen-momtong-jirugi** / j
2. **Oen-sonnal-bakkat-makki**
   Orun-sonnal-mok-chigi und **Orun-sonnal-bakkat-chigi** / j
3. **Oen-sonnal-bakkat-makki**
   Orun-momtong-jirugi / j und **Oen-palgup-apchigi** / a
4. **Orun (Palmok)-olgul-an-makki** / d
   Orun-palgup-yop-chigi und **Dungjumok-chigi** / j
5. **Orun-olgul-an-makki** / d
   Oen-momtong-baro-jirugi und **Orun-dungjumok-apchigi** / a
6. **Orun-olgul-an-makki** / d
   Oen-orun-palgup-dwichigi / j
7. **Oen-sonnal-olgul-bakkat-makki**
   Orun-olgul-baro-jirugi / a und **Oen-momtong-yop-jirugi** / d
8. **Oen-sonnal-olgul-bakkat-makki**
   Orun-sonnal-anchigi / a und **Oen-sonnal-bakkat-chigi** / d
9. **Oen-sonnal-olgul-bakkat-makki** / a
   Orun-sonnaldung-anchigi / a und **Oen-sonnaldung-momtong-chigi** / d
10. **Oen-sonnal-olgul-bakkat-makki**
    Orun-batangson-tokchigi und **Oen-batangson-tokchigi** / aps
11. **Oen-sonnal-olgul-bakkat-makki**
    Orun-agumson-mokchigi und **Oen-gawisonkut-chirugi** / aps
12. **Otgoro-olgul-makki**
    Hechyo-makki, **Sewo-jirugi** und **Jechyo-jirugi** / aps

Fußtechnik

Übungsablauf:
1. Schüler A und B stellen sich im Abstand von ca. 1 m frontal zueinander auf.
2. Vor und nach jeder Aktion verbeugen sie sich voreinander.
3. Der Trainer gibt erst das Kommando *Charyot* (Achtungshaltung), dann *Kyongle* (Gruß).
4. Der Trainer gibt das Kommando zur **Kyorumse** (Grundkampfstellung) **Junbi** (zuerst mit rechtem Fuß zurück).
5. Dann kommt von ihm das Kommando zum *Sijak* (Kampfbeginn).
6. A (Angreifer): *Yat*-Schrei *(Kihap)* zum Angriff (Frage an den Kampfpartner). B (Verteidiger): *Yat*-Schrei als Antwort (bereit zur Verteidigung).

Beispiel:
A führt Angriffsaktion aus (z. B. **Ap-chagi**).
B führt eine entsprechende Abwehraktion aus.

→ Alle Techniken sollen rechts und links beherrscht und ausgeführt werden.

Aktion:

1. Technik: a) Ausweichen mit dem rechten Fuß (rF) ca. 45° nach rechts-hinten / Diagonal-Step.
   b) **Apchagi** mit dem rF.
2. Technik: a) Wie bei 1a).
   b) **Dollyo-chagi** mit dem rF.
3. Technik: a) Wie bei 1a).
   b) **Huryo-chagi** oder **Naeryo-chagi** mit dem rF.
4. Technik: a) Wie bei 1a).
   b) **Yop-chagi** mit dem linken Fuß (lF).
5. Technik: a) Wie bei 1a).
   b) **Dwitchagi** mit dem rF.
6. Technik: a) Wie bei 1a).
   b) **Dwi-dollyo-chagi** mit dem rF.
7. Technik: a) Ausweichen, indem der vordere Fuß zum hinteren herangezogen wird.
   b) Gleichzeitig mit dem hinteren Fuß **Dollyo-chagi** ausführen.
8. Technik: a) Ausweichen, indem der vordere Fuß ca. 30° hinter den hinteren Fuß zurückgesetzt wird, danach sofort
   b) mit dem vorderen Fuß **Apmilo-chagi** oder **Naeryo-chagi** ausführen (Gleitangriff).
9. Technik: a) Ausweichen mit Rückstep.
   b) **Bakkat-huryo-chagi** mit Startstep.
10. Technik: a) Ausweichen mit Schließstep rückwärts.
    b) **Yop-chagi** mit Schließstep vorwärtsgehend (Gleitangriff).
11. Technik: a) Wie bei 10a).
    b) **Dwitchagi** (Gleitangriff).
12. Technik: a) Wie bei 10a).
    b) **Twio-dwi-dollyo-chagi** (Gleitangriff).

Anmerkung: Die Techniken unter 10., 11. und 12. sollen mit offener sowie geschlossener Seitstellung geübt werden.

Baljitki (Steptechnik)

Was ist Steppen?

Die sogenannte Steptechnik, unentbehrlich im modernen sportlichen Wettkampf, ist die Basis jeder Körperverlagerung. Hier kommt es darauf an, den Körperschwerpunkt geschickt von einem Punkt zum anderen zu verschieben. Beherrscht man die Steptechnik, so bedeutet dies, daß das Gleichgewicht des Körpers optimal ausbalanciert ist.

Bei der Step-Übung ist es sehr wichtig, daß der ganze Körper – einschließlich der Faust –

ohne jede Muskelverspannung gehalten wird. Des weiteren müssen die Füße möglichst nahe am Boden entlanggleiten, um den Körper im Gleichgewicht zu halten. Eine entscheidende Rolle spielt das Steppen auch bei der Abwehr, dem Angriff und der Ablenkung des Gegners durch Täuschungsmanöver.

Steptraining und was dabei zu beachten ist

1. Step-Übungen auf der Stelle ausführen.
2. Hüpfende Bewegungen sind zu vermeiden; beim Steppen soll man locker auf den Fußballen stehen.
3. Die Füße dürfen in keinem Fall zusammenkommen.
4. Links- *und* rechtsseitige Kampfstellung trainieren.
5. Die Bewegungen müssen schnell ausgeführt werden. Der Übende kämpft immer mit einem *imaginären Gegner.*

Das **Trainingsziel** ist die Entwicklung der maximalen Reaktionsschnelligkeit, indem man mittels der Steptechnik das Gleichgewicht des Körpers optimal ausbalanciert. Merkmale des Step-Techniktrainings sind:

- Bewegungskoordination.
- Kontrolle der Distanz und des Timings (z. B. Stellung, Position des Gegners).
- Bewegungsschnelligkeit und exakte Bewegungsausführung.
- Stabiler Bewegungsrhythmus.

Belastungsmethode beim Steptraining

- *Intensive Intervallmethode:* 5- bis 10maliges Ausführen der Übung mit 50- bis 80prozentiger Intensität.

- *Bewegungstempo:* schnellstmögliche (explosive) Bewegungsausführung der Übungsserien. Nach jeder Serie (bestehend aus 4–6 Übungen) Pause von 2–5 Minuten.
- *Trainingseffekt:* Steigerung der speziellen Ausdauer (Schnelligkeitsausdauer) und der Schnellkraft.

Steptechniken und ihre Ausführung

Erläuterung:

A:	**Apchagi**	BH:	**Bakkat-huryo-chagi**
D:	**Dollyo-chagi**		
Dwi:	**Dwitchagi**	AM:	**Ap-milo-chagi**
N:	**Naeryo-chagi**	YM:	**Yop-milo-chagi**
H:	**Huryo-chagi**		

Aktion:
1. **Naga (Startstep):** A – D – Y – H – BH.
   - Aus Kyorumse z. B. linken Fuß (lF) nach vorn, rechten Fuß (rF) nach hinten.
   - Mit rF einen Schritt vor, dann mit lF Angriff.

   Diese Steptechnik eignet sich besonders zum Angriff.
2. **Dwidolla (Rückwärts-Drehstep):** D – Y – H – AM.
   - Aus Kyorumse (wie oben).
   - Mit rF um 180° rückwärtsdrehen, dann mit lF angreifen.
3. **Bikyo (Diagonalstep):** A – D – M – H – N.
   - Wie oben.
   - Mit hinterem rF diagonal ausweichen und sofort mit dem gleichen Fuß (rF) angreifen.

4. **Mullo (Rückstep):** D – N – H – Y – Dwi.
   - Wie vorher.
   - Den vorderen Fuß einen Schritt nach hinten setzen.
   - Von dieser Stellung aus können beide Füße zum Angriff benutzt werden.
5. **Moa (Schließstep):** Y – M – Dwi.
   - Aus Yop-kyorumse oder Kyorumse.
   - Den hinteren Fuß zum vorderen heranziehen, Beine schließen und mit dem vorderen Fuß sofort angreifen.
6. **Kkoa (Kreuzstep):** D – Y – H.
   - Aus Yop-kyorumse oder Kyorumse.
   - Den hinteren Fuß vor den vorderen setzen und mit dem vorderen Fuß sofort angreifen.
7. **Kullomoa (Schaltstep):** D – AM – N – Y – H.
   - Aus Kyorumse.
   - Den vorderen Fuß zum hinteren heranziehen und gleichzeitig mit dem hinteren angreifen.
8. **Dullo (Fußhebestep):** D – AM – N – Y – H.
   - Wie oben.
   - Steppen auf einem Bein:
     a) Jagen bei gehobenem vorderen Fuß.
     b) Jagen, indem der hintere Fuß gehoben und nach vorn gebracht wird.

Kontertechniken

Im folgenden sind stichpunktartig Kontertechniken aufgeführt, wie sie innerhalb eines Übungsablaufs (oder eines Kampfes) erforderlich werden:

Erläuterung:
Stellung: OS: Offene Stellung
GS: Geschlossene Stellung

Step: StS: Startstep
KS: Kreuzstep
DS: Diagonalstep
SS: Schließstep
ScS: Schaltstep
RS: Rückstep
Tritt/Bein: vF: vorderer Fuß
hF: hinterer Fuß
Stoß/Hand: vH: vordere Hand
hH: hintere Hand

Aktionsfolge:

Angriffstechnik	Stellung	Step	Tritt/Bein Stoß/Hand	Kontertechnik	Step	Tritt/Bein Stoß/Hand
1. **Dollyo-chagi**	OS		hF	**Milo-chagi**		vF
			hF	**Dwitchagi**		hF
			hF	**Momtong-jirugi**	DS	vH
	GS	KS	vF	**Dwi-dollyo** bzw.		hF
				Dwi-huryo-chagi		hF
		KS	vF	**Naeryo-chagi**		vF

Kombinationstechniken

Angriffstechnik	Stellung	Step	Tritt/Bein Stoß/Hand	Kontertechnik	Step	Tritt/Bein Stoß/Hand
2. Apchagi	GS		hF	**Dollyo-chagi**	DS	hF
			hF	**Apchagi**	DS	hF
			hF	**Yop-chagi**	DS	vF
			hF	**Naeryo** bzw.	DS	hF
				Anhuryo-chagi	DS	hF
			hF	**Dwi-huryo-chagi**	DS	hF
			hF	**Momtong-jirugi**	DS	hH
3. Yop-chagi	OS, GS	SS	vF	**Naeryo** bzw.		hF
				Anhuryo-chagi	DS	hF
	GS	SS	vF	**Dwi-dollyo-chagi**	KS	hF
	OS	SS	vF	**Apchagi**	DS	hF
		SS	vF	**Yop-chagi**	DS	vF
		SS	vF	**Dollyo-chagi**	StS	hF
		SS	vF	**Momtong-jirugi**	DS	hH
4. Dwitchagi	OS		hF	**Dollyo-chagi**	DS	hF
	GS		hF	**Dollyo-chagi**	ScS	hF
5. Dwi-dollyo-chagi	GS		hF	**Apmilo**	DS	hF
			hF	**Dollyo-chagi**	DS	hF
			hF	**Dwi-dollyo-chagi**	RS	hF
			hF	**Momtong-jirugi**	DS	hH
6. Momtong-jirugi	OS	StS	hH	**Dwitchagi**		hF
		StS	hH	**Dwi-dollyo-chagi**		hF

Hosinsul (Kunst der Selbstverteidigung)

Hosinsul erfordert ein Höchstmaß an Aufmerksamkeit, Entschlossenheit, Schnelligkeit, Reaktionsfähigkeit und Einfühlungsvermögen. Hinzu kommt, daß die erlernten Techniken sicher und gut beherrscht werden müssen.

Bei Angriffen mit Waffen muß man unendlich viel vorsichtiger, schneller und entschlossener vorgehen als bei unbewaffneten Überfällen. Hier sollte man nicht nur die standardisierten Abwehrtechniken üben, sondern – um vor allem Sicherheit zu gewinnen und Erfahrung zu sammeln – den praktischen Kampf trainieren. Nur dadurch lernt man für den Kampf mit einem bewaffneten Gegner die richtigen Bewegungen.

Der Verteidiger muß auf alle Fälle versuchen, beim Gegner eine ungedeckte, leicht verwundbare Körperstelle zu entdecken und diese sofort wirkungsvoll zu treffen. Die Abwehr muß der Art des Angriffs entsprechen, auch muß die körperliche Relation zum Angreifer (Körpergröße) berücksichtigt werden.

Kriterien des Hosinsul

1. *Angriffs-* und *Verteidigungsstellung.*
2. *Bewegungslehre:* aus dem Stand
   * ausweichen, verteidigen durch Gleiten, Steppen, Übersetzen, Körperabdrehen, Schrittdrehung;
   * Wendungen nach allen Seiten.

Verteidigung gegen Angriffe durch Festhalten

Festhalten des Handgelenks
* mit einer Hand — gleiche Seite
  — andere Seite
* mit beiden Händen — von vorn
  — von hinten
* mit beiden Händen — offen
  um eine Hand — geschlossen

Techniken
* Handknickhebel   • Fingerpressen
* Handkipphebel   • Handdrehbeuge-
* Handseithebel   hebel
* Handpressen   • Armriegel etc.

Ergreifen des Revers
* mit einer Hand
* mit beiden Händen

Techniken
* Drehstreckhebel
* Handseithebel

Verteidigung gegen Angriffe durch Würgegriff

* mit einer Hand   — von vorn
  — von hinten
* mit beiden Händen — von vorn
  — von hinten
  — von der Seite

Techniken
* Handknickhebel   • Fingerpressen
* Handkipphebel   • Handdrehbeugehebel
* Handseithebel   • Armriegel
* Handpressen   etc.

Verteidigung gegen Angriffe durch Umklammerung

Körperumklammerung
* von vorn   — unter den Armen
  — über den Armen

Techniken
* Körperabbiegen
* Handballenstoß
* Kopfstoß
* Genickdrehhebel

Körperumklammerung
* von hinten — unter den Armen
  — über den Armen

Kombinationstechniken

Techniken
- Beinheben
- Kniestoß
- Fersenstoß und -tritt etc.

Halsumklammerung
- von vorn
- von hinten

Techniken
- Fingerpressen
- Armbeugehebel
- Armbrecher
- Armriegel etc.

Verteidigung gegen Angriffe mit einem Messer oder Stock

- Angriff von vorn
  - von oben
  - von außen
  - von innen
- Angriff von hinten

Techniken
- Handfegen
- Armriegel
- Armbeugehebel
- Armbrecher
- Handdrehgriff
  etc.

Kyokpa (Bruchtest)

Kriterien für das Kyokpa

1. *Zielstrebigkeit:* Erhöhung der geistigen Konzentration.
2. *Kontrolle der Distanz* und des *Winkels zum Ziel.*
3. *Krafteinsatz* aus der Hüfte.
4. *Kihap:* Explosion der inneren Kraft.
5. *Geschicklichkeit:* spezielle Bewegungsfertigkeit durch andauerndes Training.

Der Bruchtest wird auch von Frauen ausgeführt.

Der Wettkampf wird innerhalb einer Kampffläche von 8 × 8 m (Außenmaße: 12 × 12 m) nach einer festgelegten Kampfordnung (siehe Seite 51 ff.) ausgetragen. Die Kämpfer dürfen dabei die im Reglement festgelegten Techniken einsetzen. Der Sieger wird entsprechend der Beurteilung durch die Punkterichter vom Hauptkampfleiter bestimmt.
Die Taekwondo-Weltmeisterschaft am 25. 5. 1973 in Kukkiwon/Seoul in Korea war die erste offizielle internationale Wettkampfveranstaltung. Seither werden regelmäßig alle zwei Jahre Weltmeisterschaften ausgetragen.
Im folgenden sind einige wichtige Tips und Hinweise für den Teilnehmer an Taekwondo-Wettkämpfen aufgeführt.

Leistungsfaktoren im Wettkampf

1. *Persönlichkeit:* Moralische, ideologische Qualitäten, Grundüberzeugung, psychische Wettkampfeigenschaften.
2. *Kondition:* Kraft- und Schnelligkeitskondition, Ausdauer.
3. *Technik-Koordination:* Bewegungsfertigkeiten, koordinative Fähigkeiten.
4. *Taktik:* Taktische Kenntnisse sowie taktische bzw. technisch-taktische Fähigkeiten (Beobachtungsvermögen, Denkfähigkeit) und Fertigkeiten (das konkrete taktische Können, die Effektivität taktischer Maßnahmen, Handlungen und Verfahren im Wettkampfverlauf).
- Beobachtungsvermögen: Gegner, Trainer bzw. Coach, Wettkampfregeln etc.
- Denkfähigkeit (taktisches Denken): Geistiger Prozeß, in dem der Lösungsweg der Kampfsituation zugeordnet wird.

Die Entwicklung der Denkfähigkeit gehört zu den wesentlichen Aufgaben im technisch-taktischen Training.

Verschiedene typische Wettkampfstellungen

1. Kyorumse (Grundkampfstellung)
- Körperhaltung halb seitlich.
- Abstand der Beine: 1½ Schulterbreiten.

2. Apkyorumse (Frontalstellung)
- Körperhaltung nach vorne.
- Abstand der Beine: 1 Schulterbreite.

3. Natchumse (Tiefstellung)
- Körperhaltung seitlich, besonders Oberkörper stark nach vorne neigen.
- Abstand der Beine: ca 1½ Schulterbreiten.

4. Yop-kyorumse (Seitwärtsstellung)
- Körperhaltung seitlich.
- Abstand der Beine: ca 1½ Schulterbreiten.

Tips
- Häufiges Üben der verschiedenen Stellungen.
- Der Abstand zwischen den Beinen soll etwas mehr als Schulterbreite betragen.
- Die Kniegelenke müssen stets leicht gebeugt sein und sollen des weiteren ständige Wippbewegungen mit den Unterbeinen (Knien, Fersen) ausführen.
- Die Fäuste sollen zur Deckung vor die Brust gehalten werden.
- Das Körperhauptgewicht soll auf den Zehenballen liegen.

Allgemeine Ratschläge für Wettkämpfer

Aufwärmen

Durch das Aufwärmen vor dem Wettkampf (aber auch vor dem Training) wird der Kreislauf vorbereitet und angeregt. Dabei werden physiologisch-chemische Umsätze für eine erhöhte Energieerzeugung eingeleitet. Infolge dieser chemischen Vorgänge wird die Muskulatur erwärmt. Durch das Einlaufen und Einspielen wird aber auch die seelische Bereitschaft für den bevorstehenden Wettkampf gefördert und erhöht.

Aufwärmprogramm
1. Übungen im Laufen oder Hüpfen.
2. Übungen zur Erwärmung.
3. Leichte Dehnungsübungen.
4. Übungen mit leichtem Krafteinsatz.

Methodische Hinweise
1. Dauer des Aufwärmprogramms etwa 10–20 Minuten. Beseitigung körperlicher und motorischer Mängel.
2. Behutsam mit den Übungen beginnen und allmählich die Intensität steigern. 3–5 Übungen mit jeweils 10–15 Wiederholungen.
3. Trainingsziel: Steigerung der Gelenkigkeit, allgemein oder in speziellen Bereichen, z. B. Arm- und Schultergürtel, Rumpf-, Vorder- und Rückseite, Hüft-/ Beinbereich, Sprunggelenke.

Selbstmassage

Sie ist ein wertvolles Hilfsmittel zur Steigerung der Leistungsfähigkeit. Allerdings hat sie längst nicht die nachhaltige Wirkung wie die Fremdmassage. Sie bietet jedoch den Vorteil, daß sie ohne Hilfe durchgeführt werden kann und daß man besonders empfindliche Muskelbereiche selbst bearbeitet (Beinmassage, Massage des Schlagarms). Selbstmassage kann immer nur eine Teilmassage sein.

Wann darf nicht massiert werden?
Bei frischen Verletzungen, Entzündungen, Hauterkrankungen und Krampfadern, da hier gefährliche Verschlechterungen des Leidens eintreten könnten.

Entspannung durch Duschen

Das Duschen dient der Entspannung. Hier gilt es, richtig vorzugehen:
- Nicht zu kalt duschen, da es sonst über eine Verspannung der Muskulatur zur Verengung der Blutgefäße kommt und damit die Ermüdungsstoffe langsamer abtransportiert werden.
- Nicht zu heiß duschen, da sonst die Entspannung nicht schnell genug eintritt.
- Richtig ist, ungefähr 10 Minuten lang mit ca. 38° C zu duschen, eventuell mit belebenden Duschmitteln, dann kurz mit 25° C »nachduschen« und den Körper kräftig abfrottieren.

Ratschläge zur Verhütung von Verletzungen

- Optimale Ernährung in den Tagen vor dem Wettkampf.
- Vor dem Wettkampf stets aufwärmen.

- Richtige psychologische Führung durch den Trainer und richtige taktische Einstellung auf den jeweiligen Gegner.
- Die Wettkampfregeln müssen absolut beherrscht und eingehalten werden.
- Die Erziehung zu fairem, sportlichem Verhalten muß oberstes Prinzip des Trainers sein, um unschöne Kampfszenen zu vermeiden.

Situationen, die taktisches Verhalten erfordern

- Kampf gegen einen größeren Gegner.
- Kampf gegen einen kleineren Gegner.
- Kampf gegen einen Gegner, der hauptsächlich nach dem Ausweichen kontert.
- Kampf gegen einen Gegner, der häufig durch Heben des vorderen Beines den Angriff blockiert.
- Kampf gegen einen Gegner, der nur den Konterstoß versucht.
- Kampf gegen einen Gegner, der wild hintereinander angreift.
- Kampf gegen einen Gegner, der häufig mit beiden Armen (vor dem Rumpf) abwehrt, aber nicht ausweicht.
- Verhalten während des Umklammerns.
- Verhalten, wenn keine Gelegenheit zum Angriff besteht.
- Verhalten nach dem Kommando »Kallyo« durch den Kampfleiter.
- Verhalten, wenn man eine Verwarnung oder einen Minuspunkt bekommt.

Merkpunkte während des Wettkampfes

1. Immer einen fairen und aktiven Kampf führen (technische und physiologische Initiative).

2. Verwarnungen und Strafpunkte vermeiden (Wettkampfregeln und Wettkampfbestimmungen beachten).

3. Den Anweisungen des Trainers folgen (Koordination).

4. Sobald möglich, den Gegner genau studieren (Technik und Taktik).

5. Öfters die eigene Technik, das Steppen und Täuschungsbewegungen wechseln (Taktik).

6. Die Kondition sinnvoll auf alle drei Runden aufteilen (Kraft).

7. Allgemeine Grundsätze beachten:
   - beim Angriff
   → abschätzen (Abstand, Angriffsziel, welche Technik),
   → starten (zwei oder mehrere kombinierte Aktionen),
   → decken;

   - beim Konterangriff
   → decken beim Ausweichen,
   → starten (eine Aktion),
   → decken;

   - im Fall eines Angriffs nicht Standangriff, sondern
   → (vorwärts) Bewegungsangriff (**wichtig**).

Der Wettkampf

Koreanische Wettkampf-Kommandos

Charyot	Achtungsstellung	**Guman**	Ende des Kampfes
Kyongle	Verbeugung (Gruß)	**Sigan**	Stoppen der Wett-
Sijak	Kampfbeginn		kampfzeit
Junbi	Kampfstellung »Kyo-	**Kyonggo hana**	eine Verwarnung
	rumse« einnehmen	**Kamjom hana**	ein Minuspunkt
Kallyo	Trennung (Kampf-	**Hong sung**	Sieg für Rot
	unterbrechung)	**Chung sung**	Sieg für Blau
Kyesok	weiterkämpfen	**Il Hoejon**	erste Runde
Jwa-woohyang-	zueinanderdrehen	**Ie Hoejon**	zweite Runde
woo		**Sam Hoejon**	dritte Runde

Wettkampffläche

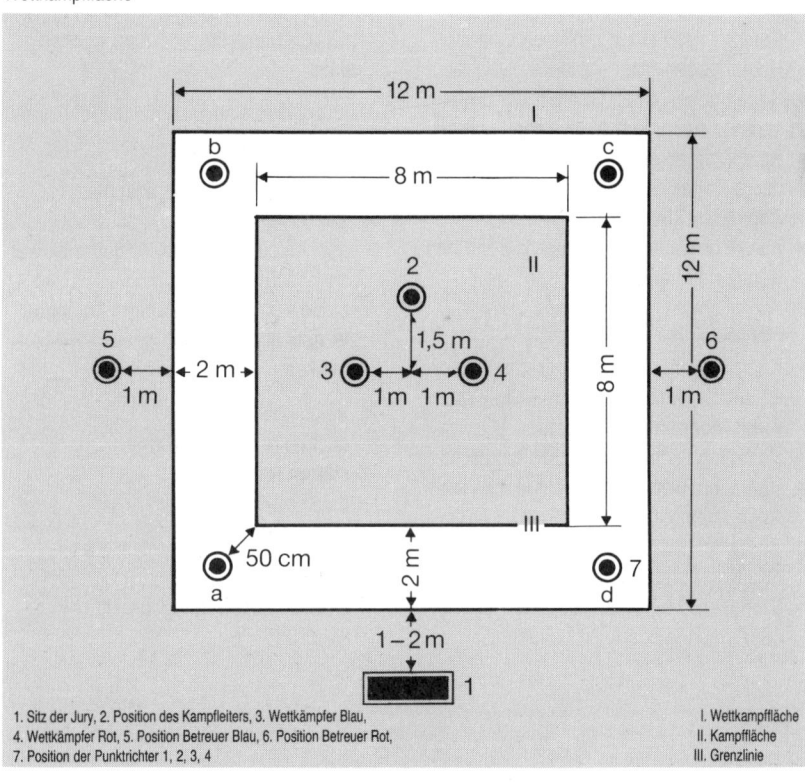

1. Sitz der Jury, 2. Position des Kampfleiters, 3. Wettkämpfer Blau,
4. Wettkämpfer Rot, 5. Position Betreuer Blau, 6. Position Betreuer Rot,
7. Position der Punktrichter 1, 2, 3, 4

I. Wettkampffläche
II. Kampffläche
III. Grenzlinie

Wettkampfregeln

Wettkampfregeln

Artikel 1: Zweck
Der Zweck dieser Wettkampfregeln ist es, alle Angelegenheiten zu regulieren, die auf allen Ebenen mit Wettkampf zu tun haben, die von der WTF (World Taekwondo Federation) von kontinentalen, regionalen Verbänden und nationalen Mitgliedsverbänden gefördert werden, und die Anwendung dieser universellen und vereinheitlichten Regeln sicherzustellen.

Artikel 2: Anwendung der Wettkampfregeln
Die Wettkampfregeln sollen in allen Wettkämpfen, die von der WTF, den kontinental/regionalen Verbänden und den nationalen Mitgliedsverbänden gefördert werden, angewendet werden.

1. Jeder nationale Mitgliedsverband, der Teile dieser WTF-Wettkampfregeln abändern möchte, um so der Situation seines eigenen Verbandes gerecht zu werden, kann dies mit Zustimmung des WTF-Vorstands tun.

2. Jeder nationale Mitgliedsverband, der die WTF-Wettkampfregeln in seiner eigenen Sprache anwenden möchte, kann dies mit der Genehmigung der Übersetzung durch den WTF-Vorstand tun.

Artikel 3: Wettkampffläche
Die Wettkampffläche soll eine ebene Oberfläche aus Holz- und/oder Plastikplatten (Etha foam) haben, die durch die WTF bestimmt wird. Die Fläche soll 12 m × 12 m messen und frei von Hindernissen jeder Art sein.

1. Kampffläche, Abgrenzungen
Der mit 8 m × 8 m abgegrenzte, innere Teil der Wettkampffläche soll durch 7,5 cm breite, weiße Linien gekennzeichnet sein und als Grenzlinie bezeichnet werden. Die Fläche innerhalb dieser Begrenzung wird als Kampffläche bezeichnet.

2. Anzeige der Position für Punktrichter, Kampfleiter und Wettkämpfer
1) Position des Kampfleiters: 1,5 m vom Mittelpunkt der Kampffläche in entgegengesetzter Richtung vom Jury-Tisch soll ein Kreis mit einem Durchmesser von 15 cm in weißer Farbe die Position des Kampfleiters erkennen lassen.
2) Positionen der Punktrichter: Vier weiße Kreise von einem Durchmesser von 15 cm bezeichnen die Positionen der Punktrichter 50 cm außerhalb der vier Ecken der Kampffläche und sollen in schwarzer Farbe mit 1, 2, 3 und 4 beschriftet sein. Die vom Jury-Tisch aus gesehene vordere linke Position ist für die Nr. 1, die obere linke Nr. 2, die obere rechte Nr. 3 und die untere rechte die Position Nr. 4 der Punktrichter.
3) Position der Jury: Ein Kreis mit 15 cm Durchmesser soll wenigstens 3 m von der Wettkampffläche gegenüber der Position des Kampfleiters den Sitz der Jury bezeichnen. Tisch und Stühle sollen hier bereitgestellt werden.
4) Position der Wettkämpfer: Zwei Kreise mit einem Durchmesser von 15 cm bezeichnen die Ausgangspositionen der Wettkämpfer, die 1 m vom Schnittpunkt der Diagonalen zu den Seitenlinien liegen. Aus der Sicht des Kampfleiters ist der rechte Kreis blau und der linke rot.
5) Position der Betreuer (Coaches): Je ein Kreis von 15 cm Durchmesser, einer in rot und der andere in blau, soll mindestens 3 m außerhalb der Mitte der Kampffläche die Positionen der Betreuer anzeigen. Die linke Seite von der Jury ist blau und die rechte Seite rot.

Artikel 4: Wettkämpfer
1. Qualifikation der Wettkämpfer
Wettkämpfer, die auf internationalen Wettkämpfen aller Ebenen teilnehmen, sollen die folgende Qualifikation haben:
1) Nationalität des Landes, für dessen Mannschaft sie starten, sowie den Wohnsitz dort.
2) Empfehlung der Teilnahme durch den nationalen Verband.

2. Anzug der Wettkämpfer
1) Sobald sie die Kampffläche betreten, haben die Wettkämpfer einen Taekwondo-Anzug (Dobok) zu tragen sowie einen Kopfschutz, eine Schutzweste, einen Tiefschutz sowie Unterarm- und Schienbeinschutz; die Bekleidung ist von der WTF bestimmt. (Abbildung hierzu siehe folgende Seite.)
2) Die Wettkämpfer sollen die Wettkämpfer-Nummer am oberen Ärmel des Dobok befestigen

Der Wettkampf

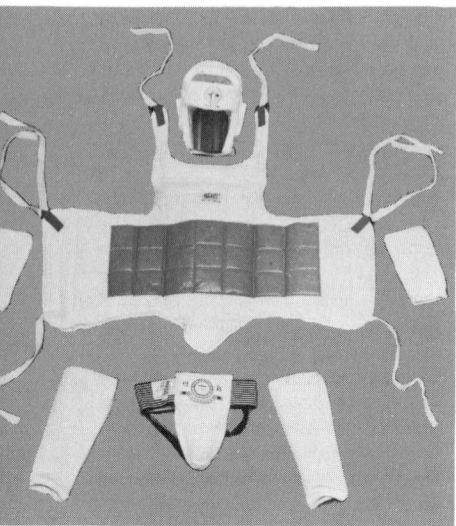

Wettkampfausrüstung

3) Es ist den Wettkämpfern nicht gestattet, irgendwelche anderen Kleidungsstücke, Beiwerk wie Brillen, Schuhe, Uhren usw. zu tragen.

3. Anwendung und Gebrauch von Drogen
1) Die Anwendung oder die Einnahme irgendwelcher Drogen, Alkoholika, Anregungsmittel sowie die Injektion in irgendeinen Teil des Körpers vor oder während des Kampfes von oder durch Wettkämpfer ist verboten.
2) Jeder Wettkämpfer, der hiergegen verstößt, wird von der weiteren Teilnahme disqualifiziert.

Artikel 5: Gewichtsklassen
Die Gewichtsklassen werden wie folgt festgelegt:

1. Herren-Gewichtsklassen

Klasse	Gewicht
1. Nadel-Gewicht	bis 50 kg
2. Fliegen-Gewicht	über 50 kg–54 kg
3. Bantam-Gewicht	54–58 kg
4. Feder-Gewicht	58–64 kg
5. Leicht-Gewicht	64–70 kg
6. Welter-Gewicht	70–76 kg
7. Mittel-Gewicht	76–83 kg
8. Schwer-Gewicht	über 83 kg

2. Damen-Gewichtsklassen

Klasse	Gewicht
1. Nadel-Gewicht	bis 43 kg
2. Fliegen-Gewicht	über 43 kg–47 kg
3. Bantam-Gewicht	47–51 kg
4. Feder-Gewicht	51–55 kg
5. Leicht-Gewicht	55–60 kg
6. Welter-Gewicht	60–65 kg
7. Mittel-Gewicht	65–70 kg
8. Schwer-Gewicht	über 70 kg

Artikel 6: Wiegen
Die Wettkämpfer aller Gewichtsklassen sollen täglich während der Wettkampftage zur bestimmten Zeit und am bestimmten Ort gewogen werden. Als tatsächliches Gewicht gilt das auf der Waage angezeigte, bei nacktem Körper.
Am ersten Wettkampftag soll das Wiegen zwei Stunden vor Beginn der Wettkämpfe, an den folgenden Wettkampftagen eine Stunde vor Beginn abgeschlossen sein.
Die Zeit des Wiegens kann jedoch mit Zustimmung des Vorstands der WTF geändert werden.

Artikel 7: Klassifizierung und Wettkampfsystem
Bei Wettkämpfen soll zwischen Einzel- und Mannschaftswettkämpfen unterschieden werden, die nach dem Ausscheidungssystem ausgetragen werden.

1. Mannschaftswettkämpfe sollen ohne Gewichtsgrenze ausgetragen werden und die Mannschaftsmitglieder sollen in der Reihenfolge, in der sie aufgeführt sind, kämpfen, wobei eine Mannschaft aus fünf regulären Kämpfern und einem Ersatz besteht.

2. Einzelwettkämpfe werden innerhalb der Gewichtsklassen ausgetragen. Gewinner, zweite und dritte Plätze werden in Übereinstimmung mit den Ergebnissen der jeweiligen Gewichtsklasse bestimmt.

3. Eine Mannschaftswertung bei Einzelwettkämpfen, auf denen Mannschaften vertreten sind, soll nach einem vorher vereinbarten Modus, nachdem die Gewinner der einzelnen Gewichtsklassen feststehen, die nach Abs. 2 ermittelt wurden, erfolgen.

4. Ausscheidungswettkämpfe, an denen mehr als vier Wettkämpfer teilnehmen, sollen eine ausreichende Zahl von Freilosen in der ersten Runde haben, um so in der zweiten Runde die Anzahl der Begegnungen auf 4, 8, 16 usw. zu reduzieren. Wettkämpfer, die für die erste Runde ein Freilos gezogen haben, sollen in der zweiten Runde vor denen kämpfen, die durch Sieg in der ersten Runde in die zweite Runde gelangt sind.

Es sollten jedoch mehr als drei Kämpfer oder Mannschaften an einem Wettbewerb beteiligt sein.

Die Wahl der Methode und die Art des Wettkampfs soll durch den Vorstand der WTF geschehen.

Artikel 8: Ziehung der Lose

Die Zusammenstellung der Begegnungen soll – wie folgt – durch Los geschehen:

Die Ziehung wird von Offiziellen des Organisationskomitees einen Tag vor Beginn der ersten Kämpfe in Gegenwart von WTF-Offiziellen und den Repräsentanten der teilnehmenden Nationen durchgeführt.

Die Ziehung selbst wird in alphabetischer Reihenfolge der offiziellen Bezeichnung der Nationen, wie sie der WTF vorliegen, vorgenommen.

Sollte eine teilnehmende Nation bei der Ziehung nicht zugegen sein, wird die Ziehung von Offiziellen des Organisationskomitees vorgenommen.

Artikel 9: Dauer des Wettkampfs

Die offizielle Dauer eines Wettkampfes soll drei Runden zu 3 Minuten mit einer Pause von je 1 Minute betragen. Bei Bedarf kann die Dauer des Wettkampfs jedoch auf drei Runden zu je 2 Minuten mit zwei Pausen von jeweils 30 Sekunden verkürzt werden.

Artikel 10: Aufruf der Wettkämpfer

Der Name oder die ihm zugeteilte Nummer des Wettkämpfers soll zuerst 3 Minuten vor dem programmierten Beginn des Kampfes aufgerufen werden und danach in Abständen von je 1 Minute zweimal wiederholt werden.

Ein Wettkämpfer, der es versäumt, sich 1 Minute nach dem dritten Aufruf bei den Wettkampf-Offiziellen zu melden, wird disqualifiziert.

Artikel 11: Beginn und Ende des Wettkampfs

Der Kampf beginnt in jeder Runde mit dem »Sijak« (Beginn) des Kampfleiters und endet mit dem »Guman« (Ende) nach dem Zeichen des Zeitnehmers.

Artikel 12: Position bei Beginn und Ende des Kampfes

1. Die Wettkämpfer stehen auf der für sie vorgesehenen Markierung frontal in Richtung zum Jury-Tisch.

2. Der Kampfleiter befindet sich auf der für ihn vorgesehene Markierung ebenfalls frontal zum Jury-Tisch.

3. Die Punktrichter sitzen auf den für sie vorgesehenen Stühlen an den vier Ecken der Kampffläche in Richtung Kampffläche.

4. Die Jury sitzt hinter dem für sie vorgesehenen Tisch und blickt in Richtung Wettkämpfer und Kampfleiter.

Artikel 13: Maßnahmen zu Beginn und am Ende des Wettkampfs

1. Maßnahmen zu Beginn des Kampfes

1) Die Wettkämpfer drehen sich in Richtung Jury und verbeugen sich stehend auf das Kommando des Kampfleiters »Charyot« (Achtung) und »Kyongle« (Verbeugung).

2) Auf das Kommando »Jwa-woohyang-woo« (Drehung in Richtung des Gegners) drehen sich die Wettkämpfer zueinander, dann verbeugen sie sich stehend auf das Kommando des Kampfleiters voreinander.

3) Der Kampfleiter inspiziert zuerst den Wettkämpfer Blau und dann den Wettkämpfer Rot.

4) Der Kampfleiter läßt den Kampf mit den Worten »Junbi (Fertig), ... Hoejon (1., 2. oder 3. Runde), Sijak (Beginn)« beginnen.

2. Maßnahmen nach Beendigung des Kampfes

1) Die Wettkämpfer stehen sich an den für sie markierten Positionen gegenüber.

2) Sie verbeugen sich stehend auf das Kommando des Kampfleiters »Charyot, Kyongle«.

3) Die Wettkämpfer drehen sich auf das Kommando des Kampfleiters in Richtung der Jury.

4) Auf das Kommando des Kampfleiters verbeugen sie sich stehend vor der Jury.

5) Der Kampfleiter erklärt den Gewinner.

6) Abgang.

3. Maßnahmen vor Beginn eines Mannschaftswettkampfs

1) Beide Mannschaften (5 Kämpfer und 1 Ersatz) stellen sich in einer Reihe hintereinander so auf, daß sie auf den Jury-Sitz blicken.

2) Beide Mannschaften verbeugen sich stehend zu der Jury auf das Kommando des Kampfleiters »Kyongle«.

3) Auf das Kommando des Kampfleiters »Jwawoohyang-woo« drehen sich beide Mannschaften zueinander und verbeugen sich stehend auf das »Kyongle« des Kampfleiters.

4) Beide Mannschaften verlassen die Kampffläche und warten auf ihren jeweiligen Kampf auf dem hierfür vorgesehenen Platz.

5) Der formelle Ablauf vor Beginn des Kampfes ist der gleiche wie bei den Einzelkämpfen.

4. Maßnahmen nach Beendigung eines Mannschaftswettkampfes

1) Beide Mannschaften stellen sich in zwei Reihen direkt nach dem letzten Kampf so auf der Kampffläche auf, daß sie einander ansehen.

2) Auf das Kommando des Kampfleiters »Charyot, Kyongle« verbeugen sie sich stehend voreinander.

3) Auf das Kommando »Jwa-woohyang-woo« drehen sie sich in Richtung des Jury-Tisches.

4) Der Kampfleiter erklärt den Gewinner.

5) Abgang.

Artikel 14: Gültige Punkte sollen wie folgt bewertet werden

1. Ein erfolgreicher Faustschlag zur Körpermitte zählt ein Punkt.

2. Ein Kick mit dem Fuß auf das Gesicht oder den mittleren Teil des Körpers zählt ein Punkt.

3. Ein erfolgreicher Angriff mit dem Fuß oder der Faust auf jeden Teil des Körpers oberhalb des Bauchnabels, außer den Teilen, die als regelwidrig (foul parts) gelten, zählt ein Punkt, wenn der Gegner durch diesen Angriff fällt.

4. Im Falle des Punktegleichstandes hat die Gewinnermittlung nach folgenden Regeln der Überlegenheit zu erfolgen:

1) Eine Hand- oder Fußtechnik, welche so wirkungsvoll ist, daß sie zu einem Auszählen des Gegners bis Acht (eight count knock-down) führt, ist jeder anderen Technik überlegen.

2) Eine Fußtechnik ist einer Handtechnik überlegen.

3) Ein im Sprung ausgeführter Fußschlag ist einem Fußschlag aus dem Stand überlegen.

4) Ein Fußschlag zum Gesicht ist einem Fußschlag zum Rumpf überlegen.

5) Besteht dennoch weiterhin ein Gleichstand, so ist der aggressive Kämpfer dem defensiven überlegen.

5. Die folgenden Angriffe werden nicht bewertet: Fall oder Halten des Gegners oder Behinderung des Angriffs nach einem erfolgreichen Angriff.

Begriffserklärung:

1. Schlagtechniken

Gerader Schlag mit einer normal geschlossenen Faust (vordere Zeige- und Mittelfinger geballt).

2. Mittlerer Teil des Körpers

Vorderer Teil des Körpers unterhalb der Brustwarzen bis zum Unterleib, nicht jedoch der hintere Teil des Körpers.

3. Gesicht

Von der Stirn bis hinunter zum Schlüsselbein unterhalb des Kinns, die Fläche zwischen den beiden Ohren vorn eingeschlossen.

4. Kick-Techniken

Ein Angriff mit jedem Teil des Fußes unterhalb des Fußgelenks.

5. Erfolgreicher Angriff

Um als erfolgreicher Angriff (mit Faust oder Fuß in einer gebräuchlichen Taekwondo-Technik) anerkannt zu werden, muß er starke Wirkung zeigen.

Artikel 15: Punktabzug

Die folgenden verbotenen Aktionen von Wettkämpfern führen bei Anwendung zum Abzug von einem Punkt. (Der Kampfleiter hat in diesem Falle den Kampf unverzüglich aufzuhalten, um den Punktabzug anzuzeigen.)

Der Punktabzug wird nicht rundenweise, sondern insgesamt für die Dauer des Kampfes bewertet.

Sobald ein Wettkämpfer dreimal während eines Kampfes Punktabzug erhält, hat der Schiedsrichter ihn zum Verlierer und seinen Gegner zum Gewinner des Kampfes zu erklären.

1. Angriff auf einen gefallenen Gegner.
2. Verletzung des Gesichts des Gegners durch Faustschlag.
3. Kopfstoß.
4. Absichtlicher Angriff, nachdem der Kampfleiter durch »Kallyo« unterbrochen hat.
5. Unerwünschte oder erregte Äußerungen und Verhaltensweisen des Kämpfers oder seines Betreuers.
6. Wenn der Wettkämpfer die Wettkampffläche (12 × 12 m) verläßt.

Sobald ein Wettkämpfer eine dieser verbotenen Handlungen begeht, unterbricht der Kampfleiter den Kampf auf der Stelle, um den entsprechenden Minuspunkt zu geben.

Artikel 16: Verwarnung

Der Kampfleiter soll eine Verwarnung von 0,5 Minuspunkten geben, wenn ein Wettkämpfer eine der folgenden Regelwidrigkeiten begeht.
Verwarnungen werden nicht rundenweise, sondern insgesamt für die Dauer eines Kampfes bewertet.
Wenn ein Kämpfer sechs Verwarnungen bekommt (0,5 × 6), hat der Kampfleiter ihn durch Punktabzug zum Verlierer zu erklären.

1. Halten des Gegners.
2. Vermeiden des Kampfes durch Zukehren des Rückens zum Gegner.
3. Absichtliches Verlassen der Kampffläche (8 × 8 m).
4. Kniestoß.
5. Werfen des Gegners.
6. Simulieren von Verletzungen.
7. Ausweichen durch Entlanglaufen an der Begrenzungslinie.
8. Angriff auf die Genitalien.
9. Stoßen des Gegners mit den Schultern, dem Körper oder den Händen.
10. Absichtliches Fallen.
11. Faustangriff auf das Gesicht.

12. Unerwünschte oder erregte Äußerungen und Verhaltensweisen des Kämpfers oder des Betreuers.

Sobald ein Kämpfer eine dieser verbotenen Handlungen begeht, hat der Kampfleiter den Kampf auf der Stelle zu unterbrechen und die Verwarnung anzuzeigen.

Artikel 17: Entscheidung

Entschieden werden soll wie folgt:
1. Sieg durch Disqualifikation.
2. Sieg durch Aufgabe.
3. Sieg durch Verletzung.
4. Sieg durch K.o.
5. Sieg durch Punkte.
6. Sieg durch Punktabzug.
7. Sieg durch Überlegenheit.
8. Sieg wegen Abbruch des Kampfes durch den Kampfleiter (RSC).
   1) Wenn der Kampfleiter oder der zuständige Arzt entscheidet, daß der Kampf nicht mehr fortgesetzt werden kann.
   2) Wenn der Betreuer ein Handtuch auf die Kampffläche wirft zum Zeichen, daß es unmöglich ist, den Kampf fortzusetzen.
   3) Wenn ein Wettkämpfer während des Wettkampfs gegen eine Entscheidung des Kampfleiters protestiert, wird der Kampfleiter seinen Gegner durch Kampfleiterentscheidung (RSC) zum Gewinner erklären, wenn der protestierende Kämpfer der Aufforderung des Schiedsrichters, den Kampf fortzusetzen, innerhalb von einer Minute nicht nachkommt.

Artikel 18: Maßnahmen nach einem Niederschlag

Wenn ein Wettkämpfer innerhalb der Kampffläche durch einen regulären Angriff fällt oder wankt, hat der Kampfleiter die folgenden Maßnahmen zu treffen:

1. Der Kampfleiter unterbricht den Wettkampf mit »Kallyo« und hält den Gegner von dem gefallenen Kämpfer fern.

2. Der Kampfleiter zählt von »hana« (eins) bis »yol« (zehn) in Intervallen von einer Sekunde und führt dabei die entsprechenden Handzeichen aus.

Der Wettkampf

3. Wenn der gefallene Kämpfer sich bis »zehn« nicht erholt hat, ist der Gegner Sieger durch K.o.

4. Für den Fall, daß ein gefallener Kämpfer bei z. B. »yodul« (acht) steht und den Willen zum Kämpfen zeigt (auf der für ihn vorgesehenen Markierung Rot oder Blau), bestätigt der Kampfleiter seine Kampffähigkeit und setzt den Kampf durch »Kyesok« (weiter) fort.

5. Das Auszählen soll trotz Beendigung der Runde – oder Kampfzeit – fortgesetzt werden und der Gegner des gefallenen Kämpfers ist Gewinner durch K.o.

6. Für den Fall, daß beide Kämpfer zu Boden gehen und einer wiederhergestellt ist, setzt der Kampfleiter das Zählen fort, solange der andere Wettkämpfer am Boden bleibt.

7. Für den Fall, daß beide Kämpfer am Boden bleiben und bis »zehn« nicht wiederhergestellt sind, wird der Gewinner anhand der bis dann gegebenen Wertung ermittelt.

8. Der Kampfleiter hat den durch einen Schlag zum Gesicht niedergestreckten Kämpfer durch den verantwortlichen Wettkampfarzt untersuchen zu lassen.

9. Im Falle eines K.o. durch einen verbotenen Angriff hat der Kampfleiter die folgenden Maßnahmen zu treffen:
   1) Sollte der Kämpfer durch einen Schlag der Hand oder Faust zum Gesicht darniederliegen, hat der Angreifer verloren.
   2) Sollte der Kämpfer durch einen Schlag in die Genitalien darniederliegen, ist er der Verlierer. Sollte der Schlag in die Genitalien als absichtlich ausgeführt befunden werden, ist der Angreifer der Verlierer.
   3) Sollte ein Kämpfer den anderen nach der Unterbrechung des Kampfleiters »Kallyo« k.o. schlagen und Kampf nicht weitergeführt werden können, disqualifiziert der Kampfleiter den Angreifer und erklärt den anderen Kämpfer zum Sieger durch Disqualifikation.

10. Sollte es der Kampfleiter schwierig finden, eine Entscheidung allein zu treffen, kann er
   1) die Meinung des anwesenden, zuständigen Wettkampfarztes einholen

2) oder nach Konsultation mit den Punktrichtern seine Entscheidung treffen.

11. Im Falle eines K.o. durch einen Schlag zum Kopf darf der getroffene Kämpfer am weiteren Verlauf des Wettkampfs und an irgendwelchen anderen Kämpfen innerhalb der nächsten 30 Tage nach diesem K.o. nicht teilnehmen. Vor der Teilnahme an weiteren Wettkämpfen muß er durch einen Arzt des nationalen medizinischen Komitees untersucht werden.

Erklärung der Begriffe:
1. Niederschlag
   1) wenn ein Körperteil des Wettkämpfers (Füße ausgenommen) den Boden berührt,
   2) wenn ein Kämpfer niedergeht, ohne die Absicht zu haben zu kämpfen, oder wankt, während er steht.

2. K.o.
   Ein K.o. ist es, wenn ein Wettkämpfer nach dem Zählen des Kampfleiters bis »zehn« nicht dazu in der Lage ist, den Kampf fortzusetzen.

Artikel 19: Maßnahmen zur Unterbrechung des Kampfes aufgrund einer Verletzung
Wenn ein Kampf aufgrund der Verletzung eines Kämpfers unterbrochen werden muß, tut der Kampfleiter dies durch »Kallyo« und veranlaßt die folgenden Maßnahmen:

1. Der Kampfleiter befiehlt dem Zeitnehmer mit dem hierfür vorgesehenen Handzeichen und dem Kommando »Sigan« (Zeit), die Wettkampfuhr anzuhalten.

2. Der Kampfleiter überzeugt sich von der Verletzung und entscheidet, ob der Kampf fortgesetzt werden soll.
   1) Sollte die Fortsetzung des Kampfes unmöglich sein,
      (1) erklärt der Kampfleiter den Kämpfer, der die Verletzung verursacht hat, zum Verlierer.
      (2) Wenn der Kampfleiter es als zu schwierig empfindet zu entscheiden, wer die Verletzung verursacht hat, wird der Gewinner anhand der Punkte vor der Verletzung ermittelt.
   2) Sollte der Kampf nach einer ersten Hilfe fortgesetzt werden können,

(1) gestattet der Kampfleiter eine Minute Zeit zur Erste-Hilfe-Leistung.

(2) Der Kampfleiter erklärt einen Kämpfer, der nach dieser einen Minute keinen Willen zum Weiterkämpfen zeigt, zum Verlierer.

3. Sollte es dem Kampfleiter zu schwierig sein, eine Entscheidung allein zu treffen,

1) kann die Meinung des zuständigen, anwesenden Arztes eingeholt werden,

2) kann er nach Konsultation mit den Punktrichtern entscheiden.

Artikel 20: Schiedsrichtende Offizielle (Jury, Kampfleiter, Punktrichter)

1. Qualifikation

1) Inhaber von Urkunden als internationale Schiedsrichter jeder Klasse.

2) Inhaber von Urkunden als internationale Schiedsrichter erster Klasse können in die Jury, die der zweiten Klasse als Kampfleiter und die der dritten Klasse als Punktrichter berufen werden.

3) Jemand, der keine bestimmte Nationalmannschaft als Offizieller vertritt.

2. Aufgaben

1) Jury

(1) Die Jury soll die Vorgänge des eingeleiteten Wettkampfes überwachen.

(2) Die gültigen Punkte sollen vom Großteil der Schiedsrichter und auch vom Kampfleiter als solche anerkannt worden sein.

(3) Die Jury sollte die gültigen Punkte öffentlich bekanntmachen, ebenso Überlegenheit, Minuspunkte und Warnungen einer jeden Runde.

(4) Nach Bestätigung der durch den Kampfleiter gegebenen Verwarnungen und Punktabzüge entscheidet die Jury anhand der Punktzettel des Kampfleiters und der Punktrichter über den Gewinner.

(5) Die Jury hat das Recht, eine Fehlentscheidung zu ändern und um das Auswechseln eines Kampfleiters oder eines Punktrichters zu bitten: entweder den Vorstand oder eine andere Stelle, die den gleichen Zweck erfüllt.

(6) Wenn es erkennbar ist, daß Kampfleiter und/oder Punktrichter eine Fehlentscheidung getroffen haben, kann dies vor dem Ende des betreffenden Kampfes korrigiert werden. Sollte der Kampf jedoch vorüber sein, ist das Verfahren eines Protestes einzuhalten,

a) wenn durch ein Mißverständnis die Hand des eigentlichen Verlierers hochgehoben wurde;

b) im Falle einer Fehlentscheidung durch das falsche Zusammenzählen von Punkten.

(7) Verantwortliche Entscheidung der Schieds-Offiziellen

Entscheidungen der Offiziellen der Jury sind endgültig und unumstößlich. Im Falle eines berechtigten Protestes kann der betreffende Betreuer mit Zustimmung des Mannschafts-Chefs eine schriftliche Eingabe an das Schiedsgericht machen. Alle mit dieser Eingabe im Zusammenhang stehenden Maßnahmen werden in Übereinstimmung mit Artikel 24 durchgeführt.

(8) Schiedsrichter-Uniform

Die Schiedsrichter tragen die von der WTF vorgesehene Uniform:

a) Gelber Anzug mit WTF-Abzeichen auf der oberen linken Seite der Jacke.

b) Gelbes Hemd.

c) Dunkelblauer Binder.

d) Weiße Sportschuhe.

2) Kampfleiter

(1) Er kontrolliert den Kampf, erklärt Anfang und Ende des Kampfes, erteilt Warnungen, unterbricht den Kampf mit »Kallyo« und läßt weitermachen mit »Kyesok«, erteilt Punktabzüge, erklärt den Sieger und den Verlierer des Kampfes, disqualifiziert, läßt die Zeitanzeige halten, führt die entsprechenden Handzeichen für ungültige Treffer aus etc.

(2) Er sammelt die Punktzettel von den Punktrichtern am Ende jeder Runde ein und übergibt sie der Jury zusammen mit seinem eigenen Punktzettel.

(3) Er soll seine Meinung ehrlich äußern, wenn er von der Jury über Entscheidung, Abzug von Punkten, Verwarnungen usw. befragt wird.

Der Wettkampf

3) Punktrichter

(1) Sie haben die Punkte, Überlegenheit, Punktabzüge und Verwarnungen sofort zu vermerken.

(2) Sie übergeben ihre Punktzettel direkt nach dem Ende jeder Runde an den Kampfleiter.

(3) Die Punktrichter sollen, wenn sie von der Jury oder dem Kampfleiter befragt werden, ihre Meinung ehrlich über bestimmte Punkte, Verwarnungen, Punktabzüge äußern.

Artikel 21: Zusammensetzung und Einsatz von Schiedsrichtern

1. Das Kampfgericht setzt sich aus einem Kampfleiter, vier Punktrichtern und zwei Juroren zusammen (im Bedarfsfall auch aus einem Kampfleiter, zwei Punktrichtern und einem Juror).

2. Der Einsatz der Schiedsrichter soll nach Erstellung des Zeitplans für die Kämpfe erfolgen und sie sollen eine Stunde vor Beginn der Kämpfe über ihren Einsatz unterrichtet sein.

3. Schiedsrichter derselben Nationalität oder Zugehörigkeit zum selben nationalen Verband eines Wettkämpfers sollen nicht in offizieller Schiedsfunktion an der Begegnung teilnehmen, um die Neutralität zu wahren.
Dies kann jedoch bei Bedarf teilweise geändert werden. Kein Kampfleiter sollte die gleiche Nationalität haben wie einer der Kämpfer.

Artikel 22: Andere, in den Regeln nicht spezifizierte Angelegenheiten

Angelegenheiten, die in den Regeln nicht spezifiziert sind, sollen wie folgt behandelt werden:

1. Stehen diese Angelegenheiten im Zusammenhang mit dem Wettkampf, sollen sie durch Übereinkunft der Schieds-Offiziellen geregelt werden.

2. Sollten diese Angelegenheiten nicht im Zusammenhang mit dem Wettkampf stehen, nimmt sich der Vorstand ihrer an.

Artikel 23: Führung der Punktzettel

Die Punktzettel sollen wie folgt ausgefüllt werden:

1. Punktezahl, Punktabzüge, Verwarnungen sollen durch Schrägstriche (/, //, /// ...) angezeigt werden.

2. Bei Punktegleichstand der einzelnen Runden soll der technisch Überlegene durch ein »V« gekennzeichnet werden.

Artikel 24: Protest

1. Der Präsident des Vorstands der WTF ernennt ein Schiedsgericht aus folgenden Offiziellen:
1) ein Vorsitzender,
2) weniger als 6 Mitglieder.

2. Zusammensetzung des Schiedsgerichts:
1) Vorsitzender und Mitglieder des Schiedsgerichts werden durch den Vorsitzenden des WTF-Vorstands und auf Empfehlung des WTF-Generalsekretärs berufen.
2) Der Vorsitzende des technischen Komitees der WTF wird Mitglied des Schiedsgerichts.
3) Die Beratung des Protests wird vom Vorsitzenden des Schiedsgerichts und von drei Mitgliedern, die eine andere Staatsangehörigkeit besitzen als die betroffenen Parteien, durchgeführt.

3. Der Vorsitzende des Schiedsgerichts unternimmt folgende Schritte:
1) Bei einer vorsätzlichen Fehlentscheidung:
(1) Korrektur der Fehlentscheidung;
(2) Ausschluß der Personen, die schuldig befunden wurden, die Fehlentscheidung vorsätzlich getroffen zu haben.
2) Bei einem Fehlurteil durch Fehler, Additionsfehler auf den Punktzetteln oder Falschanwendung der Wettkampfregeln durch den Kampfleiter:
(1) Korrektur der Fehlentscheidung;
(2) über die Personen, die schuldig befunden werden, wird eine Sperre von drei internationalen Meisterschaften verhängt.

4. Andere hier nicht erwähnte Angelegenheiten werden vom Schiedsgericht diskutiert und entschieden.

5. Protestverfahren
1) Im Falle eines Einwands gegen eine Entscheidung nach dem Kampf kann der dem Kampf beiwohnende Betreuer einen Protest nach Artikel 20 Abs. 3 vorbringen.
2) Nach Erhalt des Protests wird der Vorsitzende des Schiedsgerichts, wenn der Protest berech-

Wettkampfregeln

tigt ist, sofort eine Sitzung zusammenrufen und über das Ergebnis schriftlich berichten, bevor der nächste Kampf beginnt.

3) Die Mitglieder des Schiedsgerichts werden fair und unparteiisch über den Protest entschei-

den und können Jury, Kampfleiter, Punktrichter und Kämpfer zur Befragung einbestellen.

Die Entscheidung des Schiedsgerichts ist unumstößlich und es besteht keine weitere Berufungsmöglichkeit.

Muster eines Punktbogens

채 점 표
Judge's Paper

일자
Date : . . 19

체 급
Weight Division :

경기번호
Match No :

청 Chung

홍 Hong

경 고 Kyong-Go	감 점 Gam-Jum	득 점 Deuk-Jum	회 전 **Hoe-Jun**	득 점 Deuk-Jum	감 점 Gam-Jum	경 고 Kyong-Go

심판명
Judge's Name :

서 명
Signature :

국 적
Nationality :

Erläuterung: Chung = Blau, Hong = Rot

59

Poomse

Kunstbewegungsformen

Übersicht

	Poomse	Anzahl der Poom	Dongjak	Stellen der Kihaps	Diagramm (a. d. Sicht des Gegners)
PALGUE	1 Jang	20	20	8, 16	
	2 Jang	20	26	8, 16	
	3 Jang	22	22	8, 22	
	4 Jang	24	28	10, 20	
	5 Jang	35	39	13, 27	
	6 Jang	19	29	7, 16	
	7 Jang	23	29	17, 23	
	8 Jang	35	40	10, 35	
TAEGUK	1 Jang	18	20	18	
	2 Jang	18	23	18	
	3 Jang	20	34	20	
	4 Jang	20	29	20	
	5 Jang	20	32	20	
	6 Jang	19	31	12	
	7 Jang	25	33	25	
	8 Jang	27	38	3, 19	
KORYO		30	50	11, 30	
KUMGANG		27	27	11, 21	
TAEBAEK		26	40	8, 22	

Kriterien bei der Ausführung aller Poomsen:

1. **der Geist:** Leitlinien, klarer Blick → optische und geistige Konzentration;
2. **die Körperhaltung:** Schwerpunkt, Genauigkeit der Bewegungen;
3. **die Kraft:** richtige Dosierung des Krafteinsatzes (stark/schwach) und der Geschwindigkeit (langsam/schnell);
4. **das Kihap:** Atmungskontrolle → Schrei nach Mobilisation der inneren Kraft *(Ki)* und Konzentration;
5. **die Ästhetik:** Bewegungsrhythmus;
6. **die Würde:** innere und äußere Gelassenheit, ruhige Ausstrahlung, ordentliches Erscheinungsbild (z. B. *Dobok*).

Im folgenden Übungsteil werden alle acht Palgue- und Taeguk-Poomsen dargestellt sowie Koryo, Kumgang und Taebaek. Eine kurze Einführung erläutert die jeweilige Bedeutung der Poomse.

Die einzelnen Bewegungsabläufe folgen stets der Grundlinie eines bestimmten Diagramms. Die Richtungshinweise sind jeweils vom Übenden aus zu sehen:

Junbi	= Ausgangsposition	diese Stellungen entsprechen einander
Guman	= Schlußposition	

H = hinten   **R** = rechts (1+2+3)
V = vorn   **L** = links (1+2+3)

Poomse

Palgue

Eines der ältesten philosophischen Werke des Orients ist »I Ging – Das Buch der Wandlungen« (koreanisch *Juyok*). Im Mittelpunkt dieses Buches stehen acht Grundphänomene, die *Palgue,* die in ihrer Wechselwirkung alle Vorgänge im Universum widerspiegeln.

Der Gedanke der *Palgue* umfaßt verschiedene Symbole und schließt alle gegensätzlichen Begriffe und Vorstellungen ein. Diese wachsen durch ständigen Wandel sowie unendlich viele Kombinationen und entwickeln sich ewig weiter. Das bedeutet, daß zum Beispiel aus Himmel und Erde, Mann und Frau, Licht und Dunkelheit, Gutem und Bösem alles in unserem Universum entsteht – je nachdem, in welcher Weise diese acht Phänomene zusammentreffen, sich miteinander vermengen oder sich wieder voneinander trennen. Dies geschieht nach bestimmten vorgegebenen Gesetzmäßigkeiten. Die Welt der *Palgue* beruht somit auf Veränderung und Zusammenwirken verschiedener Elemente. Es ist eine Welt der Gegenpole.

Im übertragenen Sinn führt diese fernöstliche Philosophie beim Taekwondo zu den Bewegungsabläufen, den Poomsen *Palgue.* Durch diese Poomsen soll der Schüler die Grundprinzipien des Taekwondo begreifen lernen, welche gekennzeichnet sind von der Gegensätzlichkeit, der Veränderung und dem Zusammenwirken, dem Konflikt und der Harmonie, und so mit dem Gedanken der *Palgue* übereinstimmen.

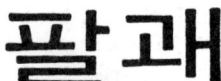

Taeguk

Mit *Taeguk* wurden die nachfolgenden Grundformen bezeichnet, um ihre Bedeutung zu unterstreichen. Übersetzt man *Taeguk* aus der chinesischen Schrift, so bedeutet »Tae« Größe und »Guk« Ewigkeit. Die Zusammensetzung dieser Begriffe läßt erkennen, daß hier philosophisches Denken Ostasiens in den Vordergrund tritt. Formlos, ohne Anfang und Ende, steht *Taeguk* für den Ursprung allen Seins.

Acht Grundgedanken der ostasiatischen Philosophie werden aus dem *Taeguk* entwickelt. Sie sind durch acht Symbole bezeichnet, von denen ein jedes in der chinesischen Schrift seine Bedeutung hat. Im Altertum waren diese Symbole die acht Zeichen der Macht. Noch heute finden wir vier davon in der koreanischen Flagge wieder.

Koryo

Koryo war eine alte südostasiatische Dynastie (918 bis 1392 n. Chr.). Die Bezeichnung »Korea« wurde vom Namen dieses Königshauses abgeleitet.

Das kulturelle Erbe, das dem koreanischen Volk aus jener Zeit erhalten blieb, ist sehr bedeutend. Während der Koryo-Dynastie wurden zum ersten Mal auf der Welt metallene Druckbuchstaben verwendet (1234), also mehr als 200 Jahre vor Johannes Gutenberg (um 1398 bis 1468). In jener Zeit wurde auch die berühmte Koryo-Keramik geschaffen. Darüber hinaus bewies das koreanische Volk große Tapferkeit im erfolgreichen Widerstand gegen die Angriffe der Mongolen, deren Heerscharen damals die ganze bekannte Welt überfluteten.

Die Übertragung der geistigen Haltung des Volkes von Koryo auf die Bewegungsformen des Taekwondo führte zur Poomse *Koryo*. Folgerichtig spiegelt jede Aktion in dieser Poomse die starke Überzeugung und den Willen wider, mit dem das Volk von Koryo den Mongolen trotzte. Damit soll ausgedrückt werden, daß man seine eigene Position oder auch Geisteshaltung verbessern kann, indem man mit Klugheit, unerschütterlichem Glauben und Zuversicht vorgeht.

Kumgang

Die ursprüngliche Bedeutung von *Kumgang* ist »zu fest, um zerbrochen zu werden«. Daneben wird im Buddhismus mit *Kumgang* etwas bezeichnet, das jede Seelenpein durch die Kombination von Weisheit und Tugend beenden kann.

Das koreanische Volk hat dem schönsten Berg der koreanischen Halbinsel den Namen »Kumgang-san« gegeben. Er gehört der Taebaek-Bergkette an. Die härteste Materie, der Diamant, heißt »Kumgang-sok«.

Im Taekwondo wird demzufolge eine Bewegung mit *Kumgang* bezeichnet; sie basiert

auf geistiger Stärke, vergleichbar der Schönheit und Majestät der Kumgang-Berge, und ist dabei so hart wie ein Diamant.

Die Form der Bewegungsrichtungen ist nach dem chinesischen Schriftzeichen für Berg gestaltet. In der Bewegungsfolge der Poomse *Kumgang* soll demnach ein starker, aber endlos abwechslungsreicher, majestätischer Geist zum Ausdruck gebracht werden, ähnlich dem Bild, das uns die Berge bieten.

Taebaek

Eine Legende über die Entstehung von Korea besagt unter anderem, daß der legendäre Tangun die Nation vor rund 4300 Jahren am Taebaek, dem heutigen Berg Baekdoo, gegründet haben soll. Dieser Berg gilt als der erhabenste und großartigste Koreas und wird als heilig angesehen. So erklärt es sich auch, daß die grundlegenden Bewegungsformen der Poomse *Taebaek* von ihm abgeleitet werden.

Der Berg Taebaek ist ein Symbol von Korea. Deshalb sollen die Bewegungen dieser Poomse nicht nur präzise und flink ausgeführt werden, sondern auch mit Härte und Entschlossenheit.

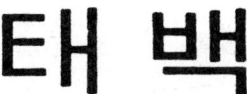

Poomse

Bedeutung der Diagramme (Bewegungsabläufe)

Palgue und Taeguk 1 bis 8 Jang

1 (il) Jang

Das Symbol des 1 Jang wird für Himmel und Licht gesetzt; ihnen sind die Bewegungsabläufe dieser Poomse gewidmet. Vom Himmel kommen der Regen und das Licht der Sonne, damit alles wachsen und gedeihen kann. Mit Himmel wird also die Schöpfung symbolisiert, der Anfang des Seins.
Bei der Erarbeitung dieser Poomse sind die Bewegungen so gewählt, daß sie vom Anfänger gut verstanden und ausgeführt werden können.

2 (ie) Jang

Das Diagramm des 2 Jang symbolisiert Frohsinn und Fröhlichkeit. Ein vom Frohsinn durchdrungener Mensch verfügt über eine gefestigte innere Kraft, die ihn ausgeglichen und ruhig erscheinen und sein läßt.
Gemäß dem Symbol ist der Bewegungsablauf dieser Poomse kraftvoll und ruhig.

3 (sam) Jang

3 Jang wird symbolisiert durch das Zeichen des Feuers. Durch seine Intelligenz hat es der Mensch verstanden, das Feuer zu zähmen. Das Feuer gibt dem Menschen Wärme und Licht, es begeistert ihn und gibt ihm Hoffnung und Zuversicht; es weckt aber auch Leidenschaft, Furcht und Schrecken im Menschen.
Gemäß dem Symbol des Feuers drückt 3 Jang Abwechslungsreichtum und Begeisterung aus.

4 (sa) Jang

Das Symbol des 4 Jang steht für Donner. Donner und Blitz flößen dem Menschen Furcht ein. Donner bedeutet gleichzeitig aber auch Kraft und Macht.
Entsprechend diesem Symbol drückt diese Poomse Ruhe und Mut gegenüber der Gefahr aus in Form von kraftvollen und zielstrebigen (schnellen) Bewegungen. 4 Jang beinhaltet deshalb eine Fülle von starken Techniken.

5 (oh) Jang

5 Jang steht unter dem Symbol des Windes. Trotz Stürme hat der Wind eine gute Bedeutung, denn er verteilt die Samen und zerstreut die dunklen Wolken. Der Wind symbolisiert sowohl die Kraft der Zerstörung als auch die des Aufbaus.
Symbolgemäß verlaufen hier die Bewegungen teils ruhig, teils stark und stürmisch.

6 (yuk) Jang

Das Symbol des Wassers kennzeichnet 6 Jang. Wie das Wasser, das immer bergab fließt, fließen die Bewegungen dieser Poomse ineinander. Diese Vorstellung lehrt uns, daß wir Schwierigkeiten und Mühsal überwinden können, wenn wir mit Selbstvertrauen vorwärtsgehen.
Die Bewegungen, die nach dieser Idee gestaltet sind, folgen dem Bild des fließenden Wassers, wobei die einzelnen Teile durch Fußstöße überbrückt werden.

7 (chil) Jang

Drückt man das Symbol für 7 Jang in chinesischer Schrift aus, bedeutet es höchster oder oberster Haltepunkt oder, wörtlich, Gipfel eines Berges. Das Symbol steht hier für Berg. Ein Berg steht unverrückbar fest, und

エ

Kunstbewegungsformen

der Mensch trachtet seine Festigkeit dadurch zu erringen, daß er geht, wenn er muß, und anhält, wenn dies geboten ist. Anhalten und Fortschreiten – beides ist zu seiner Zeit notwendig, wenn man etwas erreichen will.

8 (pal) Jang

Das achte und letzte Symbol steht für Erde, die die Quelle allen Lebens ist. Alles wächst aus ihr, erhält Nahrung und Energie von ihr. In der Erde ist die schöpferische Kraft des Himmels verkörpert.
8 Jang ist die letzte Form für den Schüler auf seinem Weg zum Dan-Träger. Hier werden die grundlegenden Bewegungsformen aufgefrischt und bisher erlernten Techniken der letzte Schliff verliehen.

Koryo

Korea wurde früher Koryo genannt. Dieses Diagramm entspricht dem chinesischen Schriftzeichen für »der Gelehrte«.

Kumgang

Das Diagramm folgt dem chinesischen Schriftzeichen für »der Berg«.

Taebaek

Dieses Diagramm stellt das Symbol für die Staatsgründung Koreas am Berg *Baekdoo* dar, der früher den Namen Taebaek trug. Die Grundlinie symbolisiert die Erde, die obere Linie den Himmel, und die vertikale Linie stellt die Verbindung beider durch den Menschen dar.

Anweisungen zum Training

- Jede Poomse muß an dem Punkt enden, an dem sie begonnen wurde.
- Korrekte Stellung und Balance müssen zu jeder Zeit eingehalten werden.
- Die Körpermuskeln sollen gemäß dem entsprechenden Moment während des Laufs angespannt oder entspannt sein.
- Die Poomse soll in einer eleganten und rhythmischen Weise ausgeführt werden.
- Die Bewegungen müssen je nach den Regeln der einzelnen Poomse beschleunigt oder verlangsamt werden.
- Eine Poomse muß erst vollendet werden, bevor man sich an einer anderen versucht.

Trainingsverhalten

- Vor dem Training kurze Meditation, Aufwärmen, Wiederholung des Gelernten.
- Beim Ausführen der Bewegungsabläufe richtig atmen und mitdenken, nicht einfach nur nachahmen.
- Technik und Geist sind in einen harmonischen Einklang zu bringen.
- Höflichkeit und Zurückhaltung gegenüber anderen sind wichtige Voraussetzungen.
- Beim Betreten und Verlassen des Trainingsraums hat sich der Schüler vor dem Trainer und dem Partner zu verneigen.
- Der *Dobok* (Anzug) ist immer in Ordnung zu halten, der *Ty* (Gürtel) soll ordnungsgemäß geknotet sein.
- Beim Training darf kein Schmuck (Ring, Kette, Uhr usw.) getragen werden; Verletzungsgefahr.
- Im Garderobenraum, in der Dusche, im Trainingsraum usw. ist stets auf Ordnung und Disziplin zu achten.

Palgue 1 Jang

	Körper- und Beinbewegungen	Stellungen	Handtechniken
Junbi	Blicken Sie in Richtung ›V‹ und setzen Sie den linken Fuß zur Seite.	**Naranhi-sogi**	Gibon-junbi
1	Drehen Sie sich nach links und setzen Sie den linken Fuß vor in Richtung ›L1‹.	**Oen-apkubi**	**Arae-makki**
2	Setzen Sie den rechten Fuß einen Schritt vor in Richtung ›L1‹.	**Orun-apkubi**	**Momtong-makki**
3	Drehen Sie den Körper auf dem Ballen des linken Fußes um 180° rechtsherum und setzen Sie den rechten Fuß vor in Richtung ›R1‹.	**Orun-apkubi**	**Arae-makki**
4	Setzen Sie den linken Fuß einen Schritt vor in Richtung ›R1‹.	**Oen-apkubi**	**Momtong-makki**
5	Drehen Sie sich auf dem Ballen des rechten Fußes nach links und setzen Sie den linken Fuß einen Schritt vor in Richtung ›V‹.	**Oen-apkubi**	**Arae-makki**
6	Setzen Sie den rechten Fuß einen Schritt vor in Richtung ›V‹.	**Oen-dwitkubi**	**Momtong-yop-makki**
7	Setzen Sie den linken Fuß einen Schritt vor in Richtung ›V‹.	**Orun-dwitkubi**	**Momtong-yop-makki**
8	Setzen Sie den rechten Fuß einen Schritt vor in Richtung ›V‹.	**Orun-apkubi**	**Momtong-bandae-jirugi** (›Kihap‹)
9	Drehen Sie sich auf dem rechten Fuß linksherum und setzen Sie den linken Fuß vor in Richtung ›R 2‹.	**Orun-dwitkubi**	**Sonnal-momtong-makki**
10	Setzen Sie den rechten Fuß einen Schritt vor in Richtung ›R 2‹.	**Oen-dwitkubi**	**Momtong-makki**
11	Drehen Sie sich auf dem Ballen des linken Fußes um 180° rechtsherum und setzen Sie den rechten Fuß vor in Richtung ›L 2‹.	**Oen-dwitkubi**	**Sonnal-momtong-makki**
12	Setzen Sie den linken Fuß einen Schritt vor in Richtung ›L 2‹.	**Orun-dwitkubi**	**Momtong-makki**

Fortsetzung auf der nächsten Seite

H
4
3
1
2
20
19
17
18
R1
L1
16
5
15
6
14
R2
L2
7
13
10
9
8
11
12
V

1
2
3
4
5
6
7
8
9
10
11
12

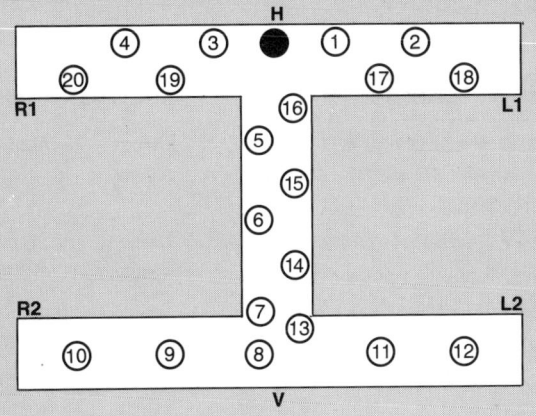

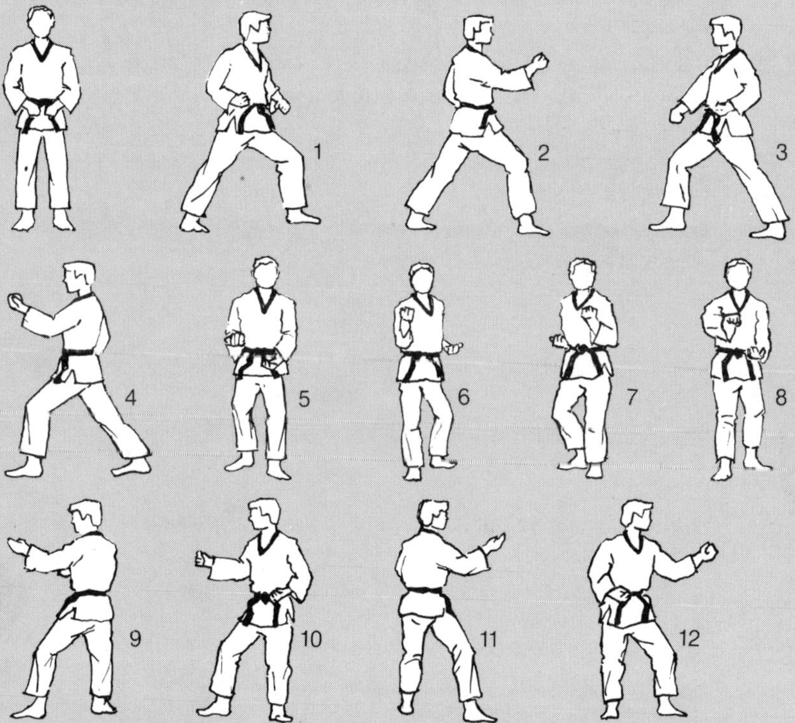

	Körper- und Beinbewegungen	Stellungen	Handtechniken
13	Drehen Sie sich auf dem Ballen des rechten Fußes nach links und setzen Sie den linken Fuß vor in Richtung ›H‹.	**Oen-apkubi**	**Arae-makki**
14	Setzen Sie den rechten Fuß einen Schritt vor in Richtung ›H‹.	**Orun-apkubi**	**Orun-han-sonnal-mok-chigi**
15	Setzen Sie den linken Fuß einen Schritt vor in Richtung ›H‹.	**Oen-apkubi**	**Oen-han-sonnal-mok-chigi**
16	Setzen Sie den rechten Fuß einen Schritt vor in Richtung ›H‹.	**Orun-apkubi**	**Momtong-bandae-jirugi** (›Kihap‹)
17	Drehen Sie sich auf dem Ballen des rechten Fußes linksherum und setzen Sie den linken Fuß vor in Richtung ›L1‹.	**Oen-apkubi**	**Arae-makki**
18	Setzen Sie den rechten Fuß einen Schritt vor in Richtung ›L1‹.	**Orun-apkubi**	**Momtong-makki**
19	Drehen Sie sich auf dem Ballen des linken Fußes um 180° rechtsherum und setzen Sie den rechten Fuß vor in Richtung ›R1‹.	**Orun-apkubi**	**Arae-makki**
20	Setzen Sie den linken Fuß einen Schritt vor in Richtung ›R1‹.	**Oen-apkubi**	**Momtong-makki**
Guman	Drehen Sie sich auf dem Ballen des rechten Fußes nach links und blicken Sie in Richtung ›V‹.	**Naranhi-sogi**	**Gibon-junbi**

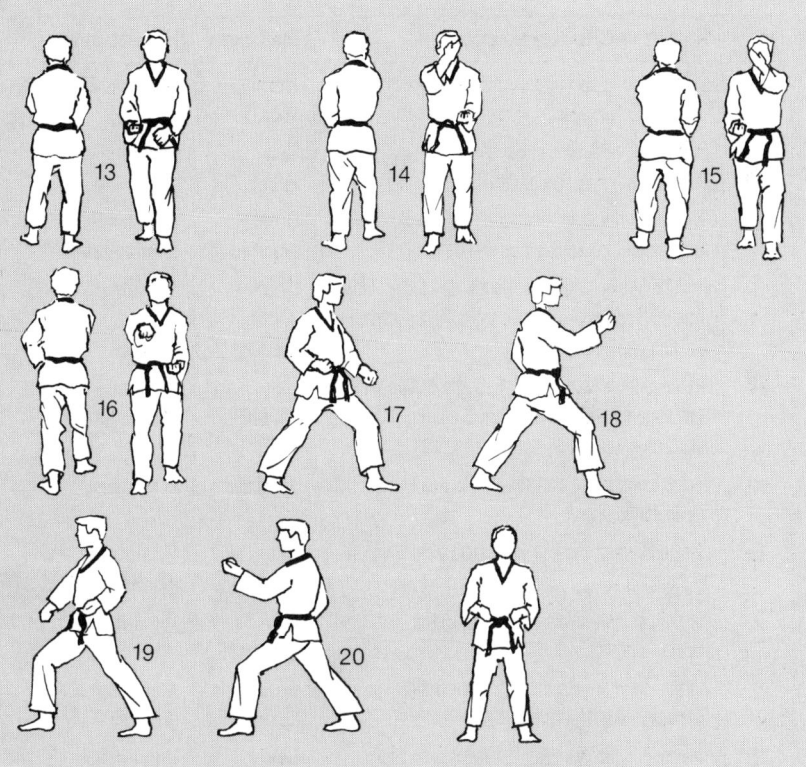

Palgue 2 Jang

	Körper- und Beinbewegungen	Stellungen	Handtechniken
Junbi	Blicken Sie in Richtung ›V‹ und setzen Sie den linken Fuß zur Seite.	Naranhi-sogi	Gibon-junbi
1	Drehen Sie sich nach links und setzen Sie den linken Fuß vor in Richtung ›L1‹.	Oen-apkubi	Olgul-makki
2	Treten Sie mit dem rechten Fuß einen **Apchagi** und setzen Sie ihn dann ab in Richtung ›L1‹.	Orun-apkubi	Momtong-bandae-jirugi
3	Drehen Sie sich auf dem Ballen des linken Fußes um 180° rechtsherum und setzen Sie den rechten Fuß vor in Richtung ›R1‹.	Orun-apkubi	Olgul-makki
4	Treten Sie mit dem linken Fuß einen **Apchagi** und setzen Sie ihn dann ab in Richtung ›R1‹.	Oen-apkubi	Momtong-bandae-jirugi
5	Drehen Sie sich auf dem Ballen des rechten Fußes linksherum und setzen Sie den linken Fuß vor in Richtung ›V‹.	Orun-dwitkubi	Sonnal-arae-makki
6	Setzen Sie den rechten Fuß einen Schritt vor in Richtung ›V‹.	Oen-dwitkubi	Sonnal-momtong-makki
7	Setzen Sie den linken Fuß einen Schritt vor in Richtung ›V‹.	Oen-apkubi	Olgul-makki
8	Setzen Sie den rechten Fuß einen Schritt vor in Richtung ›V‹.	Orun-apkubi	Momtong-bandae-jirugi (›Kihap‹)
9	Drehen Sie sich auf dem Ballen des rechten Fußes linksherum und setzen Sie den linken Fuß vor in Richtung ›R2‹.	Oen-apkubi	Olgul-makki
10	Treten Sie mit dem rechten Fuß einen **Apchagi** und setzen Sie ihn dann ab in Richtung ›R2‹.	Orun-apkubi	Momtong-bandae-jirugi

Fortsetzung auf der nächsten Seite

H
4
3
1
2
20
19
17
18
R1
L1
16
5
15
6
14
7
R2
13
L2
10
9
8
11
12
V

1
2
3
4
5
6
7
8
9
10

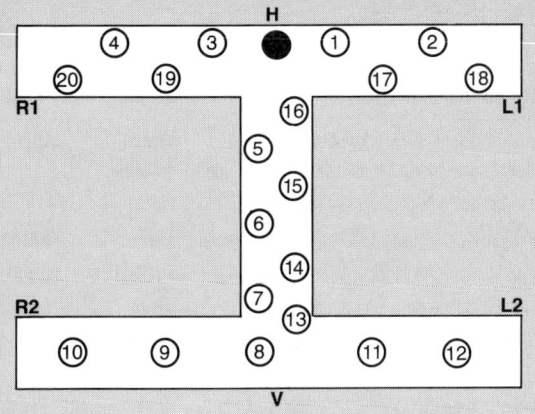

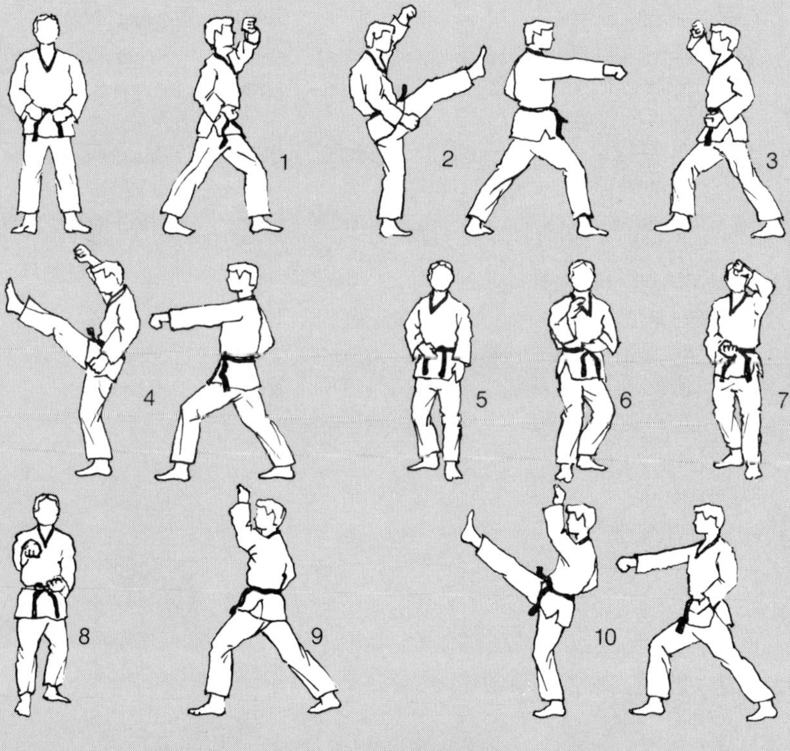

Palgue 2 Jang

	Körper- und Beinbewegungen	Stellungen	Handtechniken
11	Drehen Sie sich auf dem linken Fuß um 180° rechtsherum und setzen Sie den rechten Fuß vor in Richtung)L 2(.	Orun-apkubi	Olgul-makki
12	Treten Sie mit dem linken Fuß einen **Apchagi** und setzen Sie ihn dann ab in Richtung)L 2(.	Oen-apkubi	Momtong-bandae-jirugi
13	Drehen Sie sich auf dem Ballen des rechten Fußes linksherum und setzen Sie den linken Fuß vor in Richtung)H(.	Orun-dwitkubi	Goduro-arae-makki
14	Setzen Sie den rechten Fuß einen Schritt vor in Richtung)H(.	Oen-dwitkubi	Goduro-momtong-makki
15	Setzen Sie den linken Fuß einen Schritt vor in Richtung)H(.	Orun-dwitkubi	Momtong-makki
16	Setzen Sie den rechten Fuß einen Schritt vor in Richtung)H(.	Orun-apkubi	Momtong-bandae-jirugi ()Kihap()
17	Drehen Sie sich auf dem Ballen des rechten Fußes nach links und setzen Sie den linken Fuß vor in Richtung)L1(.	Oen-apkubi	Olgul-makki
18	Treten Sie mit dem rechten Fuß einen **Apchagi** und setzen Sie ihn dann ab in Richtung)L1(.	Orun-apkubi	Momtong-bandae-jirugi
19	Drehen Sie sich auf dem Ballen des linken Fußes um 180° nach rechts und setzen Sie den rechten Fuß vor in Richtung)R1(.	Orun-apkubi	Olgul-makki
20	Treten Sie mit dem linken Fuß einen **Apchagi** und setzen Sie ihn dann ab in Richtung)R1(.	Oen-apkubi	Momtong-bandae-jirugi
Guman	Drehen Sie sich auf dem Ballen des rechten Fußes nach links, bis Sie in Richtung)V(blicken.	Naranhi-sogi	Gibon-junbi

Palgue 3 Jang

	Körper- und Beinbewegungen	Stellungen	Handtechniken
Junbi	Blicken Sie in Richtung ›V‹ und setzen Sie den linken Fuß einen Schritt zur Seite.	Naranhi-sogi	Gibon-junbi
1	Drehen Sie sich nach links und setzen Sie den linken Fuß einen Schritt vor in Richtung ›L1‹.	Oen-apkubi	Arae-makki
2	Setzen Sie den rechten Fuß einen Schritt vor in Richtung ›L1‹.	Orun-apkubi	Momtong-bandae-jirugi
3	Drehen Sie sich auf dem Ballen des linken Fußes um 180° rechtsherum und setzen Sie den rechten Fuß vor in Richtung ›R1‹.	Orun-apkubi	Arae-makki
4	Setzen Sie den linken Fuß einen Schritt vor in Richtung ›R1›.	Oen-apkubi	Momtong-bandae-jirugi
5	Drehen Sie sich auf dem Ballen des rechten Fußes nach links und setzen Sie den linken Fuß vor in Richtung ›V‹.	Oen-apkubi	Arae-makki
6	Setzen Sie den rechten Fuß einen Schritt vor in Richtung ›V‹	Orun-apkubi	Olgul-makki
7	Setzen Sie den linken Fuß einen Schritt vor in Richtung ›V‹.	Oen-apkubi	Olgul-makki
8	Setzen Sie den rechten Fuß einen Schritt vor in Richtung ›V‹.	Orun-apkubi	Olgul-bandae-jirugi (›Kihap‹)
9	Drehen Sie sich auf dem Ballen des rechten Fußes linksherum, bis Sie den linken Fuß in Richtung ›R 2‹ setzen können.	Orun-dwitkubi	Sonnal-momtong-makki
10	Setzen Sie den rechten Fuß einen Schritt vor in Richtung ›R 2‹.	Oen-dwitkubi	Sonnal-momtong-makki

Fortsetzung auf der nächsten Seite

H
4
3
1
2
22
21
18
19
20
R1
L1
5
17
16
6
15
14
7
13
R2
L2
10
9
8
11
12
V

1
2
3
4
5
6
7
8
9
10

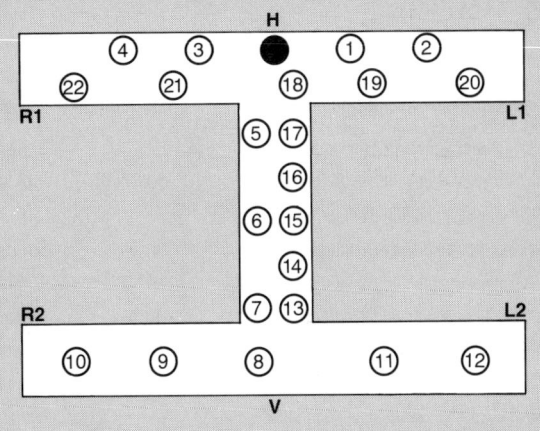

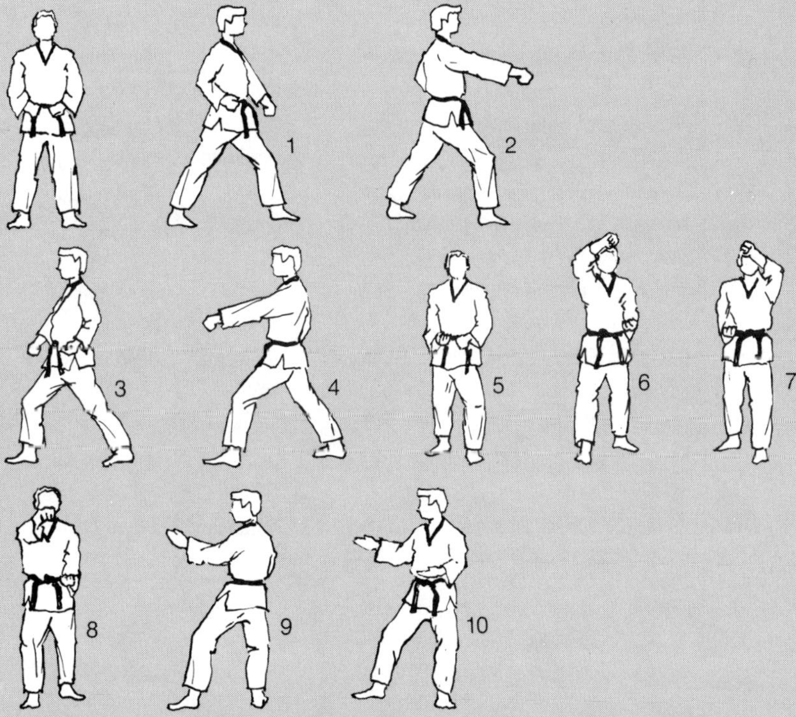

Palgue   3 Jang

	Körper- und Beinbewegungen	Stellungen	Handtechniken
11	Drehen Sie sich auf dem Ballen des linken Fußes um 180° rechtsherum und setzen Sie den rechten Fuß vor in Richtung ›L2‹.	Oen-dwitkubi	Sonnal-momtong-makki
12	Setzen Sie den linken Fuß einen Schritt vor in Richtung ›L2‹.	Orun-dwitkubi	Sonnal-momtong-makki
13	Drehen Sie sich auf dem Ballen des rechten Fußes nach links und setzen Sie den linken Fuß vor in Richtung ›H‹.	Orun-dwitkubi	Momtong-yop-makki
14	Führen Sie auf der Stelle eine Positionsänderung durch in Richtung ›V‹.	Oen-dwitkubi	Momtong-yop-makki (→ ›V‹)
15	Setzen Sie den rechten Fuß nach hinten in Richtung ›H‹.	Orun-dwitkubi	Momtong-makki (→ ›V‹)
16	Setzen Sie den linken Fuß nach hinten in Richtung ›H‹.	Oen-dwitkubi	Momtong-makki (→ ›V‹)
17	Setzen Sie den rechten Fuß nach hinten in Richtung ›H‹.	Orun-dwitkubi	Momtong-makki (→ ›V‹)
18	Ändern Sie auf der Stelle Ihre Position in Richtung ›H‹.	Oen-dwitkubi	Momtong-yop-makki
19	Drehen Sie sich auf dem Ballen des rechten Fußes um 180° linksherum und setzen Sie den linken Fuß vor in Richtung ›L1‹.	Oen-apkubi	Olgul-makki
20	Setzen Sie den rechten Fuß einen Schritt vor in Richtung ›L1‹.	Orun-apkubi	Olgul-bandae-jirugi
21	Drehen Sie sich auf dem Ballen des linken Fußes um 180° rechtsherum und setzen Sie den rechten Fuß vor in Richtung ›R1‹.	Orun-apkubi	Olgul-makki
22	Setzen Sie den linken Fuß einen Schritt vor in in Richtung ›R1‹.	Oen-apkubi	Olgul-bandae-jirugi (›Kihap‹)
Guman	Drehen Sie sich auf dem Ballen des rechten Fußes nach links und blicken Sie in Richtung ›V‹.	Naranhi-sogi	Gibon-junbi

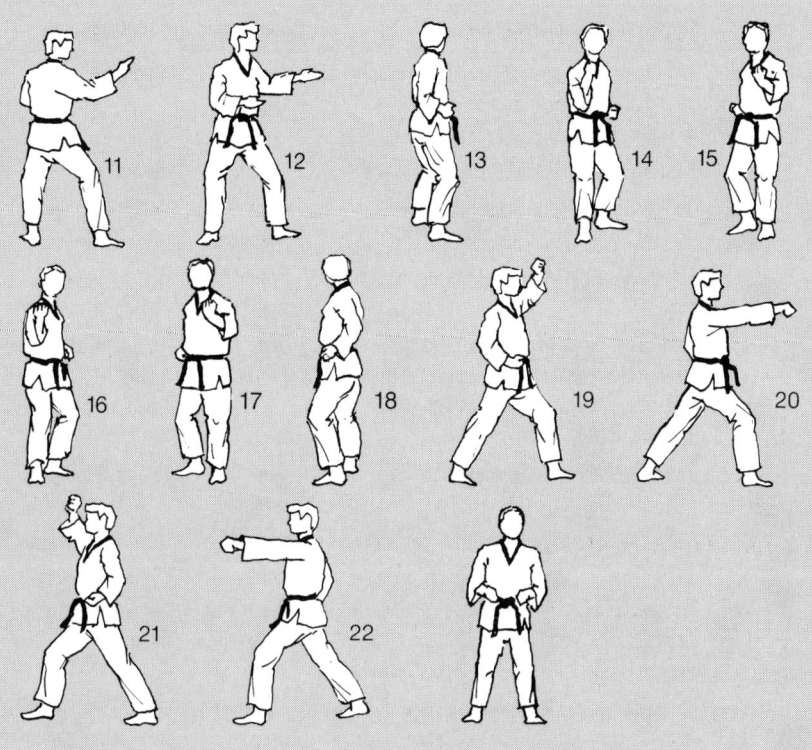

Palgue 4 Jang

	Körper- und Beinbewegungen	Stellungen	Handtechniken
Junbi	Blicken Sie in Richtung ›V‹ und setzen Sie den linken Fuß zur Seite.	Naranhi-sogi	Gibon-junbi
1	Drehen Sie sich nach links und setzen Sie den linken Fuß vor in Richtung ›L1‹.	Orun-dwitkubi	Kumgang-momtong-makki
2	Die Fußstellung bleibt unverändert.	Orun-dwitkubi	Danggyo-tok-jirugi
3	Ziehen Sie den linken Fuß etwas an den rechten heran.	Pyonhi-sogi	Oen-han-sonnal-yop-chigi
4	Machen Sie einen **Modumbal,** indem Sie den linken Fuß an den rechten heranziehen. Dann setzen Sie plötzlich den rechten Fuß vor in Richtung ›R1‹.	Oen-dwitkubi	Kumgang-momtong-makki
5	Die Fußstellung bleibt unverändert.	Oen-dwitkubi	Danggyo-tok-jirugi
6	Ziehen Sie den rechten Fuß etwas an den linken heran.	Pyonhi-sogi	Orun-han-sonnal-yop-chigi
7	Machen Sie einen **Modumbal,** indem Sie den rechten Fuß an den linken heranziehen und dann plötzlich den linken Fuß einen Schritt vorsetzen in Richtung ›V‹.	Orun-dwitkubi	Sonnal-momtong-makki
8	Treten Sie mit dem rechten Fuß einen **Apchagi** und setzen Sie ihn dann ab in Richtung ›V‹.	Orun-apkubi	Pyonsonkut-sewo-chirugi
9	Drehen Sie sich auf der Stelle nach links und führen Sie mit der rechten Hand einen **Mituro-paegi** aus. Dann drehen Sie sich schnell um 360° auf dem Ballen des rechten Fußes. Setzen Sie den linken Fuß einen Schritt vor in Richtung ›V‹.	Oen-apkubi	Oen-mejumok-bakkat-chigi
10	Setzen Sie den rechten Fuß einen Schritt vor in Richtung ›V‹.	Orun-apkubi	Momtong-bandae-jirugi (›Kihap‹)
11	Drehen Sie sich auf dem Ballen des rechten Fußes nach links und setzen Sie den linken Fuß vor in Richtung ›R 2‹.	Orun-dwitkubi	Kumgang-momtong-makki

Fortsetzung auf der nächsten Seite

H
6 5 4 1 2 3
24 23 20 21 22
R1
L1
7
19
8
18
R2
L2
9
17
13 12 11 10 14 15 16
V

1
2
3
4
5
6
7
8
9
10
11

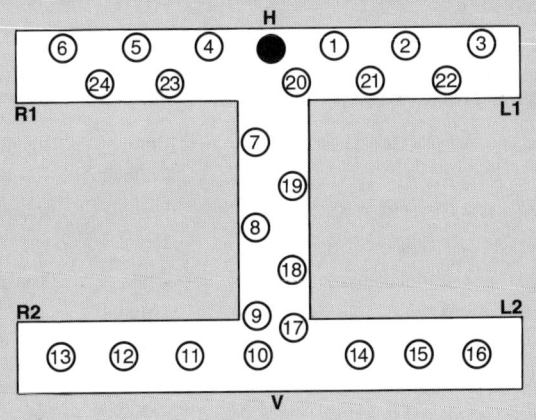

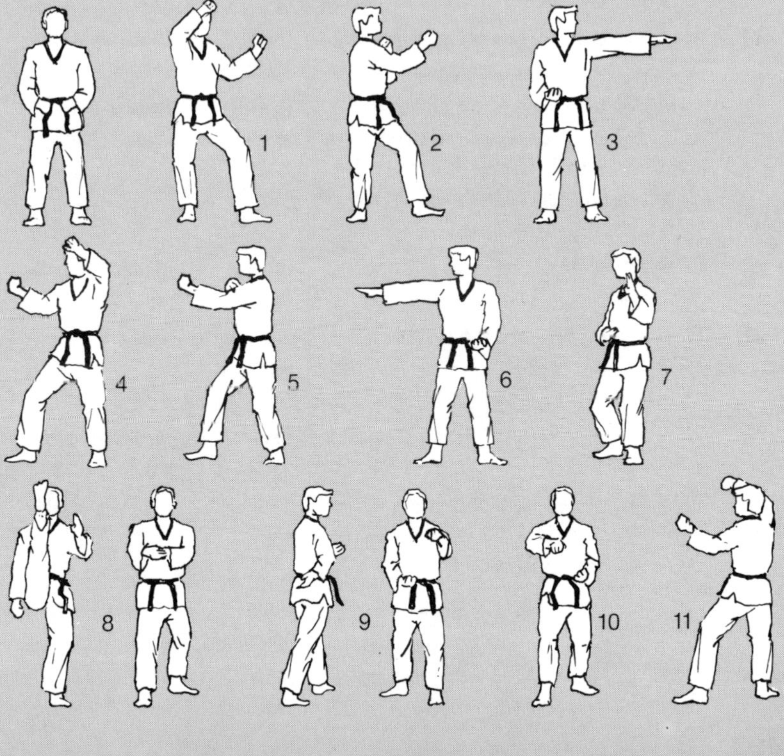

Palgue 4 Jang

	Körper- und Beinbewegungen	Stellungen	Handtechniken
12	Die Fußstellung bleibt unverändert.	Orun-dwitkubi	Danggyo-tok-jirugi
13	Ziehen Sie den linken Fuß etwas an den rechten heran.	Pyonhi-sogi	Orun-han-sonnal-yop-chigi
14	Machen Sie einen **Modumbal,** indem Sie den linken Fuß an den rechten heranziehen und dann plötzlich den rechten in Richtung ›L 2‹ vorsetzen.	Oen-dwitkubi	Kumgang-momtong-makki
15	Die Fußstellung bleibt unverändert.	Oen-dwitkubi	Danggyo-tok-jirugi
16	Ziehen Sie den rechten Fuß etwas an den linken heran.	Pyonhi-sogi	Orun-han-sonnal-yop-chigi
17	Machen Sie einen **Modumbal,** indem Sie den rechten Fuß an den linken heranziehen und dann den linken Fuß plötzlich in Richtung ›H‹ vorsetzen.	Orun-dwitkubi	Sonnal-momtong-makki
18	Treten Sie mit dem rechten Fuß einen **Apchagi** und setzen Sie ihn dann ab in Richtung ›H‹.	Orun-apkubi	Pyonsonkut-sewo-chirugi
19	Drehen Sie sich auf der Stelle nach links und führen Sie mit der rechten Hand den **Wiro-paegi** aus. Dann drehen Sie sich auf dem rechten Fuß schnell um 360° und setzen den linken Fuß einen Schritt vor in Richtung ›H‹.	Oen-apkubi	Oen-mejumok-bakkat-chigi
20	Setzen Sie den rechten Fuß einen Schritt vor in Richtung ›H‹.	Orun-apkubi	Momtong-bandae-jirugi (›Kihap‹)
21	Drehen Sie sich auf dem Ballen des rechten Fußes nach links und setzen Sie den linken Fuß vor in Richtung ›L 1‹.	Juchum-sogi	Arae-yop-makki
22	Schieben Sie den linken Fuß vor in Richtung ›L 1‹.	Oen-apkubi	Momtong-baro-jirugi
23	Ziehen Sie den linken Fuß etwas an den rechten heran und drehen Sie den Körper in Richtung ›V‹. Die Augen blicken in Richtung ›R 1‹.	Juchum-sogi	Arae-yop-makki
24	Schieben Sie den rechten Fuß etwas vor in Richtung ›R 1‹.	Orun-apkubi	Momtong-baro-jirugi
Guman	Ziehen Sie den rechten Fuß etwas heran und blicken Sie in Richtung ›V‹.	Naranhi-sogi	Gibon-junbi

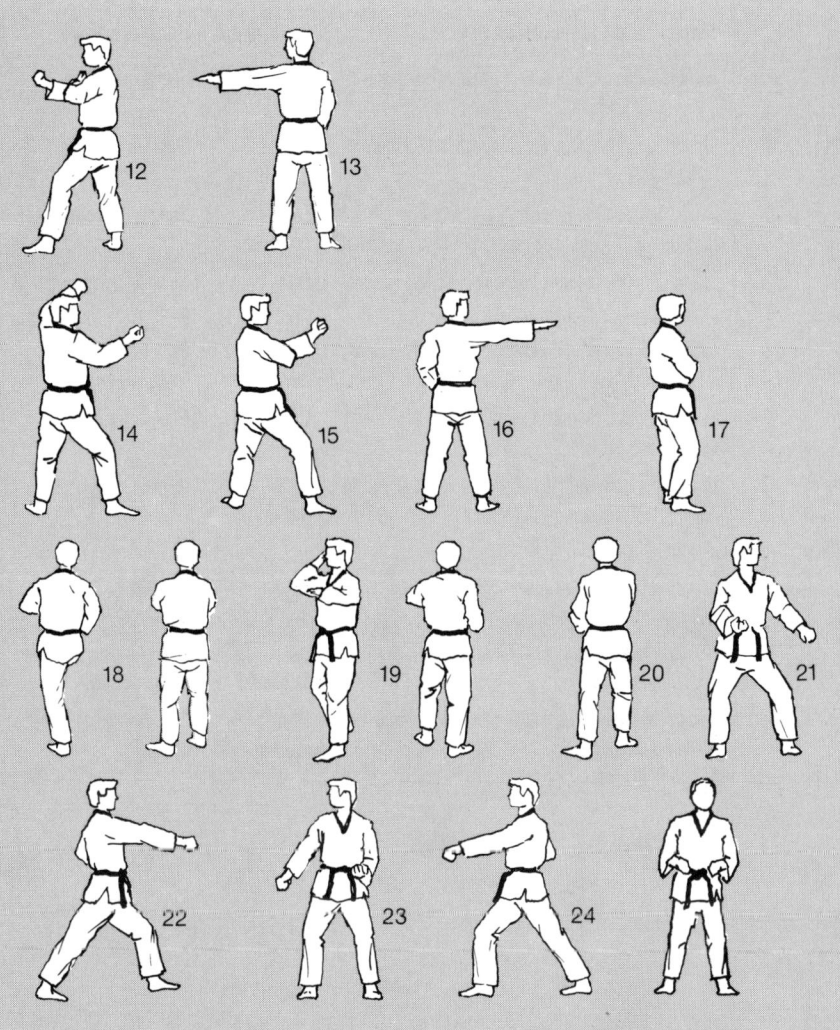

Palgue   5 Jang

	Körper- und Beinbewegungen	Stellungen	Handtechniken
Junbi	Blicken Sie in Richtung ›V‹ und setzen Sie den linken Fuß zur Seite.	Naranhi-sogi	Gibon-junbi
1	Setzen Sie den linken Fuß einen Schritt zurück in Richtung ›H‹.	Orun-apkubi	Gawi-makki
2	Setzen Sie den linken Fuß einen Schritt vor in Richtung ›L1‹, ohne den rechten Fuß zu versetzen.	Orun-dwitkubi	Sonnal-arae-makki
3	Setzen Sie den rechten Fuß einen Schritt vor in Richtung ›L1‹.	Oen-dwitkubi	Sonnal-momtong-makki
4	Setzen Sie den rechten Fuß einen Schritt zurück in Richtung ›R1‹.	Orun-dwitkubi	Oen-batangson-nullo-makki
5	Setzen Sie den rechten Fuß wieder einen Schritt vor in Richtung ›L1‹.	Orun-apkubi	Momtong-bandae-jirugi
6	Drehen Sie sich auf dem Ballen des linken Fußes um 180° rechtsherum und setzen Sie den rechten Fuß vor in Richtung ›R1‹.	Oen-dwitkubi	Sonnal-arae-makki
7	Setzen Sie den linken Fuß einen Schritt vor in Richtung ›R1‹.	Orun-dwitkubi	Sonnal-momtong-makki
8	Setzen Sie den linken Fuß einen Schritt zurück in Richtung ›L1‹.	Oen-dwitkubi	Orun-batangson-nullo-makki
9	Setzen Sie den linken Fuß einen Schritt vor in Richtung ›R1‹.	Oen-apkubi	Momtong-bandae-jirugi

Fortsetzung auf der nächsten Seite

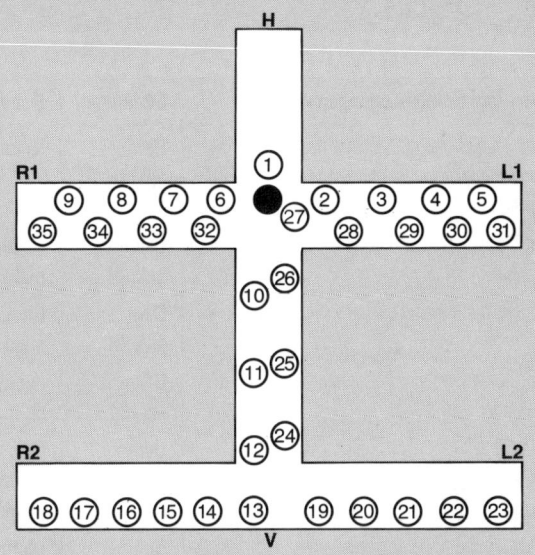

Palgue   5 Jang

	Körper- und Beinbewegungen	Stellungen	Handtechniken
10	Drehen Sie sich auf dem Ballen des rechten Fußes nach links und setzen Sie den linken Fuß vor in Richtung ›V‹.	Oen-apkubi	Gawi-makki
11	Setzen Sie den rechten Fuß einen Schritt vor in Richtung ›V‹.	Orun-apkubi	Goduro-momtong-makki
12	Setzen Sie den linken Fuß vor in Richtung ›V‹.	Oen-apkubi	Goduro-momtong-makki
13	Setzen Sie den rechten Fuß einen Schritt vor in Richtung ›V‹.	Orun-apkubi	Pyonsonkut-sewo-chirugi (›Kihap‹)
14	Drehen Sie sich auf dem Ballen des rechten Fußes nach links und setzen Sie den linken Fuß vor in Richtung ›R 2‹.	Oen-apkubi	Oen-anpalmok-momtong-bakkat-makki
15	Die Fußstellung bleibt unverändert.	Oen-apkubi	Momtong-dubon-jirugi
16	Heben Sie den linken Fuß in Kniehöhe, die Augen blicken weiterhin in Richtung ›R 2‹.	Orun-hak-dari-sogi	Orun-jagun-dolchogwi
17	Treten Sie mit dem linken Fuß einen **Yop-chagi** und setzen Sie ihn dann ab in Richtung ›R 2‹.	Oen-apkubi	Orun-palgup-pyojok-chigi
18	Setzen Sie den rechten Fuß vor in Richtung ›R 2‹.	Oen-dwitkubi	Sonnal-momtong-makki
19	Drehen Sie sich auf dem Ballen des linken Fußes um 180° rechtsherum und setzen Sie den rechten Fuß vor in Richtung ›L 2‹.	Orun-apkubi	Orun-anpalmok-momtong-bakkat-makki
20	Die Fußstellung bleibt unverändert.	Orun-apkubi	Momtong-dubon-jirugi (links-rechts)
21	Heben Sie den rechten Fuß in Kniehöhe und blicken Sie weiterhin in Richtung ›L 2‹.	Oen-hak-dari-sogi	Oen-jagun-dolchogwi
22	Treten Sie mit dem rechten Fuß einen **Yop-chagi** und setzen Sie ihn dann ab in Richtung ›L 2‹.	Orun-apkubi	Oen-palgup-pyojok-chigi
23	Setzen Sie den linken Fuß einen Schritt vor in Richtung ›L 2‹.	Orun-dwitkubi	Sonnal-momtong-makki

Fortsetzung auf der nächsten Seite

Palgue   5 Jang

	Körper- und Beinbewegungen	Stellungen	Handtechniken
24	Drehen Sie sich auf dem Ballen des rechten Fußes nach links und setzen Sie den linken Fuß vor in Richtung ›H‹.	Oen-apkubi	Gawi-makki
25	Setzen Sie den rechten Fuß vor in Richtung ›H‹.	Oen-dwitkubi	Goduro-arae-makki
26	Setzen Sie den linken Fuß vor in Richtung ›H‹.	Orun-dwitkubi	Goduro-arae-makki
27	Setzen Sie den rechten Fuß vor in Richtung ›H‹.	Orun-apkubi	Momtong-bandae-jirugi (›Kihap‹)
28	Drehen Sie sich auf dem Ballen des rechten Fußes linksherum und setzen Sie den linken Fuß vor in Richtung ›L1‹.	Orun-dwitkubi	Sonnal-arae-makki
29	Setzen Sie den rechten Fuß vor in Richtung ›L1‹.	Oen-dwitkubi	Sonnal-momtong-makki
30	Setzen Sie den rechten Fuß einen Schritt zurück in Richtung ›R1‹. Sie blicken dabei weiterhin in Richtung ›L1‹.	Orun-dwitkubi	Oen-batangson-nullo-makki
31	Setzen Sie den rechten Fuß wieder einen Schritt vor in Richtung ›L1‹.	Orun-apkubi	Momtong-bandae-jirugi
32	Drehen Sie sich auf dem Ballen des linken Fußes um 180° rechtsherum und setzen Sie den rechten Fuß vor in Richtung ›R1‹.	Oen-dwitkubi	Sonnal-arae-makki
33	Setzen Sie den linken Fuß vor in Richtung ›R1‹.	Orun-dwitkubi	Sonnal-momtong-makki
34	Setzen Sie den linken Fuß wieder einen Schritt zurück in Richtung ›L1‹. Der Blick geht weiterhin in Richtung ›R1‹.	Oen-dwitkubi	Orun-batangson-nullo-makki
35	Setzen Sie den linken Fuß wieder einen Schritt vor in Richtung ›R1‹.	Oen-dwitkubi	Momtong-bandae-jirugi
Guman	Drehen Sie sich auf dem Ballen des rechten Fußes nach links in Richtung ›V‹ und ziehen Sie gleichzeitig den linken Fuß an den rechten heran.	Naranhi-sogi	Gibon-junbi

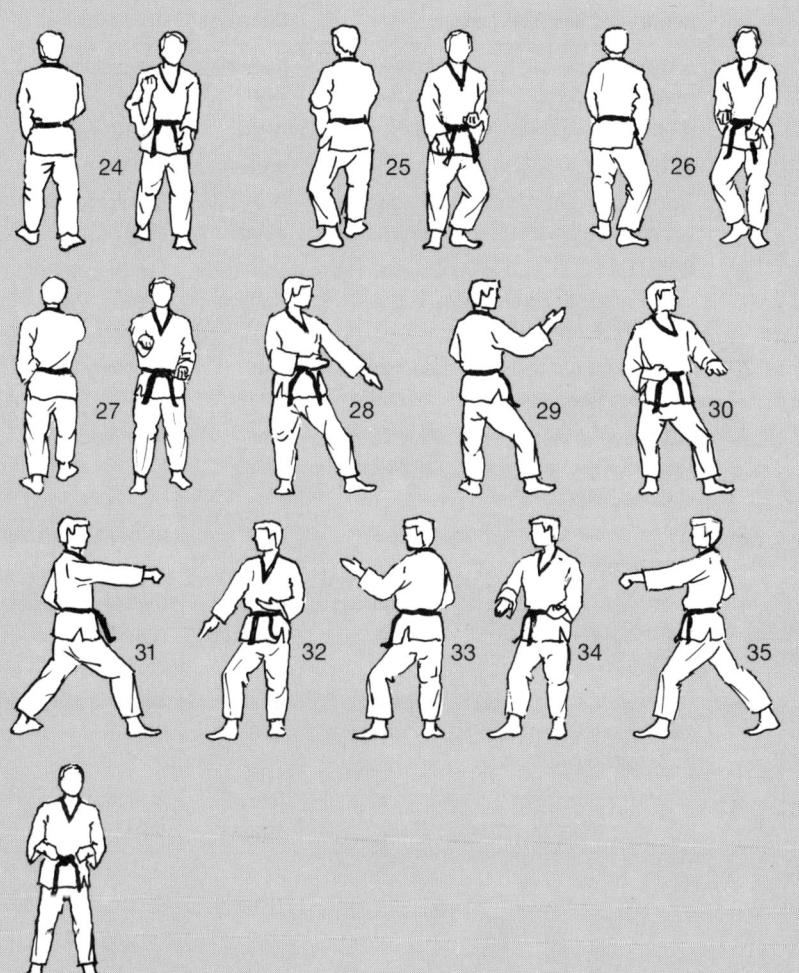

Palgue 6 Jang

	Körper- und Beinbewegungen	Stellungen	Handtechniken
Junbi	Blicken Sie in Richtung ›V‹ und setzen Sie den linken Fuß zur Seite.	**Naranhi-sogi**	Gibon-junbi
1	Drehen Sie sich nach links und setzen Sie den linken Fuß vor in Richtung ›L1‹.	**Orun-dwitkubi**	Sonnal-momtong-makki
2	Treten Sie mit dem rechten Fuß einen **Apchagi** und setzen Sie ihn dann ab in Richtung ›L1‹.	**Orun-apkubi**	Momtong-bandae-jirugi
3	Drehen Sie sich auf dem Ballen des linken Fußes um 180° rechtsherum und setzen Sie den rechten Fuß vor in Richtung ›R1‹.	**Oen-dwitkubi**	Sonnal-momtong-makki
4	Treten Sie mit dem linken Fuß einen **Apchagi** und setzen Sie ihn dann ab in Richtung ›R1‹.	**Oen-apkubi**	Momtong-bandae-jirugi
5	Drehen Sie sich auf dem Ballen des rechten Fußes nach links und setzen Sie den linken Fuß vor in Richtung ›V‹.	**Oen-apkubi**	Arae-makki
6	Drehen Sie den Körper nach links, ohne den Stand zu verändern.	**Oen-apkubi**	Jebipum-mok-chigi
7	Treten Sie mit dem rechten Fuß einen **Apchagi** und springen Sie einen Schritt vorwärts in Richtung ›V‹.	**Orun-kkoa-sogi**	**Goduro-dungjumok-olgul-apchigi** (›Kihap‹)
8	Drehen Sie sich auf dem Ballen des rechten Fußes nach links und setzen Sie den linken Fuß vor in Richtung ›R2‹.	**Orun-dwitkubi**	Sonnal-arae-makki
9	Schieben Sie den linken Fuß etwas in Richtung ›R2‹ vor, während der rechte stehen bleibt.	**Oen-apkubi**	Momtong-hechyo-makki

Fortsetzung auf der nächsten Seite

H
R1
L1
R2
L2
V
1 2 3 4 5 6 7 8 9 10 11 12 13 14 15 16 17 18 19

1
2
3
4
5
6
7
8
9

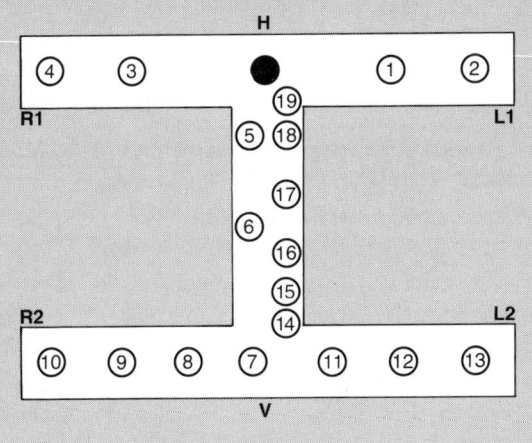

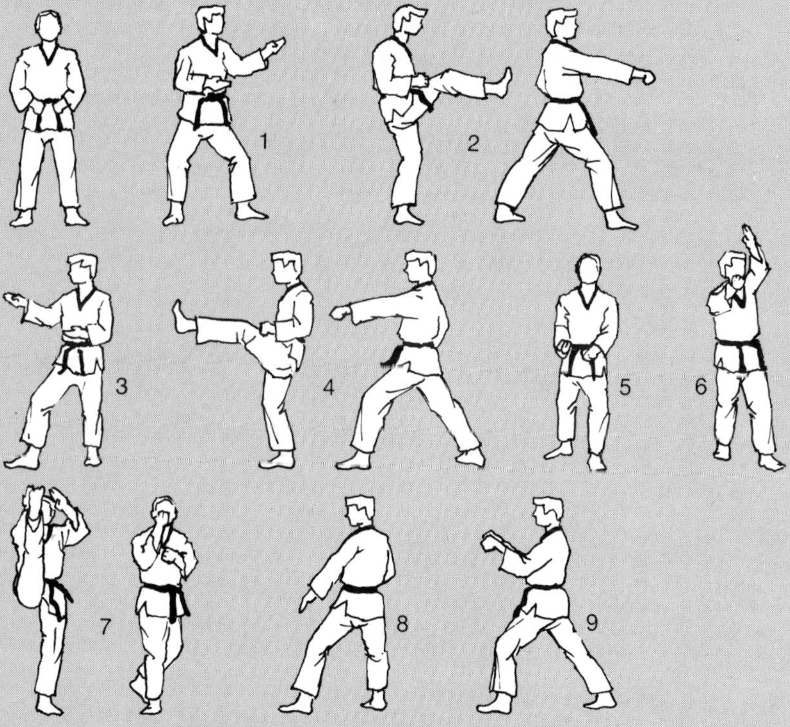

	Körper- und Beinbewegungen	Stellungen	Handtechniken
10	Treten Sie mit dem rechten Fuß einen **Apchagi** und setzen Sie ihn dann ab in Richtung ›R 2‹.	**Orun-apkubi**	**Momtong-dubon-jirugi** (rechts-links)
11	Drehen Sie sich auf dem Ballen des linken Fußes um 180° rechtsherum und setzen Sie den rechten Fuß vor in Richtung ›L 2‹.	**Oen-dwitkubi**	**Sonnal-arae-makki**
12	Schieben Sie den rechten Fuß vor in Richtung ›L 2‹, während der linke stehen bleibt.	**Orun-apkubi**	**Momtong-hechyo-makki**
13	Treten Sie mit dem linken Fuß einen **Apchagi** und setzen Sie ihn ab in Richtung ›L 2‹.	**Oen-apkubi**	**Momtong-dubon-jirugi** (links-rechts)
14	Drehen Sie sich auf dem Ballen des rechten Fußes nach links und setzen Sie den linken Fuß vor in Richtung ›H‹.	**Orun-dwitkubi**	**Sonnal-momtong-makki**
15	Schieben Sie den linken Fuß etwas in Richtung ›H‹ vor und drehen Sie den Oberkörper etwas nach links, ohne den rechten Fuß zu versetzen.	**Oen-apkubi**	**Jebipum-tok-chigi**
16	Treten Sie mit dem rechten Fuß einen **Apchagi** und setzen Sie ihn dann ab in Richtung ›H‹.	**Orun-apkubi**	**Orun-dungjumok-olgul-apchigi** (›Kihap‹)
17	Treten Sie mit dem linken Fuß einen **Apchagi** und setzen Sie ihn dann ab in Richtung ›H‹.	**Oen-apkubi**	**Olgul-makki**
18	Treten Sie mit dem rechten Fuß einen **Yop-chagi** in Richtung ›H‹ und setzen Sie ihn dann in derselben Richtung ab.	**Oen-dwitkubi**	**Sonnal-momtong-makki**
19	Führen Sie auf der Stelle eine Positionsänderung durch in Richtung ›V‹.	**Orun-dwitkubi**	**Sonnal-momtong-makki**
Guman	Ziehen Sie den rechten Fuß etwas an den linken heran und blicken Sie in Richtung ›G‹.	**Naranhi-sogi**	**Gibon-junbi**

Palgue 7 Jang

	Körper- und Beinbewegungen	Stellungen	Handtechniken
Junbi	Blicken Sie in Richtung ›V‹ und stellen Sie den linken Fuß zur Seite.	**Naranhi-sogi**	Gibon-junbi
1	Setzen Sie den linken Fuß einen Schritt vor in Richtung ›V‹.	**Oen-apkubi**	Hechyo-arae-makki
2	Treten Sie mit dem rechten Fuß einen **Apchagi** und setzen Sie ihn ab in Richtung ›V‹.	**Orun-apkubi**	Anpalmok-hechyo-momtong-makki
3	Treten Sie mit dem linken Fuß einen **Apchagi** und setzen Sie ihn dann ab in Richtung ›V‹.	**Oen-apkubi**	Otgoro-olgul-makki
4	Treten Sie mit dem rechten Fuß einen **Yop-chagi** in Richtung ›V‹ und setzen Sie ihn dann in derselben Richtung ab.	**Oen-dwitkubi**	Sonnal-momtong-makki
5	Drehen Sie sich auf dem Ballen des rechten Fußes linksherum und setzen Sie den linken Fuß vor in Richtung ›R‹.	**Orun-dwitkubi**	Momtong-yop-makki
6	Schieben Sie den linken Fuß etwas vor in Richtung ›R‹.	**Oen-apkubi**	Olgul-baro-jirugi
7	Die Fußstellung bleibt unverändert.	**Oen-apkubi**	Olgul-makki
8	Treten Sie mit dem rechten Fuß einen **Yop-chagi** und setzen Sie ihn dann ab in Richtung ›R‹.	**Oen-dwitkubi**	Sonnal-arae-makki
9	Schieben Sie den rechten Fuß etwas vor in Richtung ›R‹.	**Orun-apkubi**	Momtong-baro-jirugi
10	Drehen Sie sich auf dem Ballen des linken Fußes um 180° nach rechts und setzen Sie den rechten Fuß vor in Richtung ›L‹.	**Oen-dwitkubi**	Momtong-yop-makki
11	Schieben Sie den rechten Fuß etwas vor in Richtung ›L‹.	**Orun-apkubi**	Olgul-baro-jirugi
12	Die Fußstellung bleibt unverändert.	**Orun-apkubi**	Olgul-makki

Fortsetzung auf der nächsten Seite

Palgue 7 Jang

	Körper- und Beinbewegungen	Stellungen	Handtechniken
13	Treten Sie mit dem linken Fuß einen **Yop-chagi** und setzen Sie ihn dann ab in Richtung ›L‹.	Orun-dwitkubi	Sonnal-arae-makki
14	Schieben Sie den linken Fuß etwas vor in Richtung ›L‹.	Oen-apkubi	Momtong-baro-jirugi
15	Drehen Sie sich auf dem Ballen des rechten Fußes nach links und setzen Sie den linken Fuß vor in Richtung ›H‹.	Oen-apkubi	Otgoro-arae-makki
16	Die Fußstellung bleibt unverändert.	Oen-apkubi	Otgoro-olgul-makki
17	Öffnen Sie die linke Faust. Während Sie die rechte Faust zur Hüfte zurückziehen, ergreifen Sie mit der linken das Angriffswerkzeug. Führen Sie mit der rechten Hand einen Fauststoß durch, während Sie gleichzeitig die linke Hand zur Hüfte ziehen.	Oen-apkubi	Olgul-baro-jirugi (›Kihap‹)
18	Drehen Sie den Körper auf dem Ballen des linken Fußes linksherum und setzen Sie am Ende der Drehbewegung den rechten Fuß, der einen vollständigen Kreisbogen beschrieben hat, stampfend in Richtung ›V‹ ab. Ihr Blick geht ebenfalls in Richtung ›V‹.	Juchum-sogi	Arae-yop-makki (→ ›V‹)
19	Drehen Sie sich nach links, ohne den rechten Fuß zu versetzen, und schieben Sie den linken Fuß etwas vor in Richtung ›H‹.	Oen-apkubi	Oen-han-sonnal-olgul-bakkat-chigi
20	Drehen Sie sich auf dem Ballen des linken Fußes nach links und treten Sie einen **Pyojok-chagi** in Richtung ›R‹. Dann setzen Sie den rechten Fuß ab in Richtung ›H‹.	Juchum-sogi (→ ›R‹)	Orun-palgup-pyojok-chigi (→ ›R‹)
21	Führen Sie **Mikurumbal** aus in Richtung ›H‹.	Juchum-sogi	Oesantul-makki
22	Führen Sie **Mikurumbal** aus in Richtung ›H‹.	Orun-dwitkubi	Sonnal-momtong-makki (→ ›V‹)
23	Schieben Sie den linken Fuß etwas vor in Richtung ›V‹.	Oen-apkubi	Momtong-baro-jirugi (›Kihap‹)
Guman	Ziehen Sie den linken Fuß an den rechten heran, während Sie in Richtung ›V‹ blicken.	Naranhi-sogi	Gibon-junbi

	Körper- und Beinbewegungen	Stellungen	Handtechniken
Junbi	Blicken Sie in Richtung ›V‹ und stellen Sie den linken Fuß zur Seite.	Naranhi-sogi	Gibon-junbi
1	Drehen Sie sich nach links und setzen Sie den linken Fuß vor in Richtung ›L1‹.	Oen-apkubi	Arae-makki
2	Drehen Sie den Körper wieder nach rechts und ziehen Sie den linken Fuß etwas an den rechten heran. Gleichzeitig beschreiben Sie mit dem gestreckten linken Arm direkt vor dem Körper einen großen Kreisbogen nach außen bis in Schulterhöhe.	Oen-sogi	Mejumok-naeryo-chigi (→ ›L1‹)
3	Setzen Sie den rechten Fuß einen Schritt vor in Richtung ›L1‹.	Orun-apkubi	Momtong-bandae-chirugi
4	Drehen Sie sich auf dem Ballen des linken Fußes um 180° nach rechts und setzen Sie den rechten Fuß vor in Richtung ›R1‹.	Orun-apkubi	Arae-makki
5	Drehen Sie den Körper wieder etwas nach links und ziehen Sie den rechten Fuß etwas an den linken heran. Gleichzeitig beschreiben Sie mit dem gestreckten rechten Arm dicht vor dem Körper einen großen Kreisbogen nach außen bis in Schulterhöhe.	Orun-sogi	Mejumok-naeryo-chigi (→ ›R1‹)
6	Setzen Sie den linken Fuß einen Schritt vor in Richtung ›R1‹.	Oen-apkubi	Momtong-bandae-jirugi
7	Drehen Sie sich auf dem Ballen des rechten Fußes nach links und setzen Sie den linken Fuß vor in Richtung ›V‹.	Orun dwitkubi	Sonnal-momtong-makki
8	Setzen Sie den rechten Fuß einen Schritt vor in Richtung ›V‹.	Orun-apkubi	Pyonsonkut-sewo-chirugi

Fortsetzung auf der nächsten Seite

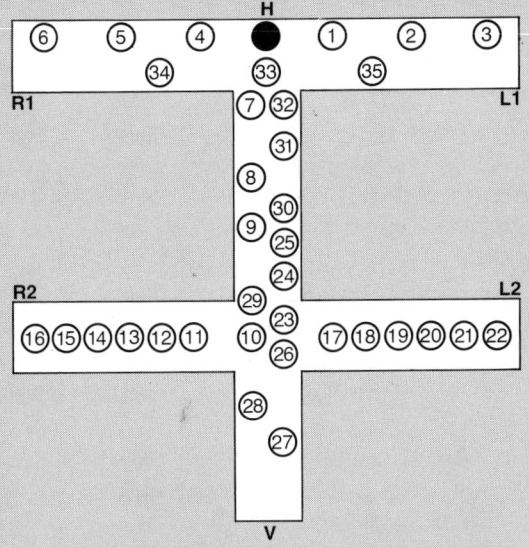

	Körper- und Beinbewegungen	Stellungen	Handtechniken
9	Drehen Sie den Körper nach links, wobei Sie den Schwerpunkt nach vorne verlagern. Nun drehen Sie sich auf dem rechten Fuß um 360° linksherum, bis Sie den linken Fuß in Richtung ›V‹ setzen können.	**Orundwitkubi**	**Oen-dungjumok-bakkat-chigi**
10	Setzen Sie den rechten Fuß einen Schritt vor in Richtung ›V‹.	**Orunapkubi**	**Olgul-bandae-jirugi** (›Kihap‹)
11	Drehen Sie sich auf dem Ballen des rechten Fußes linksherum und setzen Sie den linken Fuß ab in Richtung ›R 2‹.	**Orundwitkubi**	**Oen-han-sonnal-yop-chigi**
12	Drehen Sie den Körper etwas nach rechts und setzen Sie den linken Fuß etwas vor in Richtung ›H‹. Sie blicken aber weiterhin in Richtung ›R 2‹. (Schneller Bewegungsablauf!)	**Oen-mojuchum-sogi**	**Sonmok-paegi**
13	Drehen Sie sich schnell nach links und setzen Sie den linken Fuß wieder vor in Richtung ›R 2‹.	**Juchum-sogi**	**Palgup-yop-chigi** (→ ›R 2‹)
14	Drehen Sie den Körper noch etwas mehr nach links und schieben Sie den linken Fuß vor in Richtung ›R 2‹.	**Oen-apkubi**	**Momtong-bakkat-makki**
15	Die Fußstellung bleibt unverändert.	**Oen-apkubi**	**Momtong-baro-jirugi**
16	Drehen Sie sich auf dem rechten Fuß um 180° nach rechts in Richtung ›H‹.	**Juchum-sogi**	**Oen-jagun-dolchogwi** (Blick → ›L 2‹)
17	Führen Sie **Modumbal** aus, indem Sie den linken Fuß an den rechten heranziehen und dann sofort den rechten Fuß in Richtung ›L 2‹ vorsetzen.	**Oen-dwitkubi**	**Orun-han-sonnal-yop-chigi**
18	Drehen Sie den Körper etwas nach links und setzen Sie den rechten Fuß leicht vor in Richtung ›H‹, während Sie weiterhin in Richtung ›L 2‹ blicken. (Schneller Bewegungsablauf!)	**Orun-mojuchum-sogi**	**Sonmok-paegi**
19	Drehen Sie den Körper nach rechts und schieben Sie den rechten Fuß wieder vor in Richtung ›L 2‹ (schnell).	**Juchum-sogi**	**Palgup-yop-chigi** (Handballen nach oben)

Fortsetzung auf der nächsten Seite

	Körper- und Beinbewegungen	Stellungen	Handtechniken
20	Drehen Sie den Körper noch etwas mehr nach rechts und schieben Sie den rechten Fuß vor in Richtung ›L 2‹.	Orun-apkubi	Momtong-bakkat-makki
21	Die Fußstellung bleibt unverändert.	Orun-apkubi	Momtong-baro-jirugi
22	Drehen Sie sich auf dem linken Fuß nach links und ziehen Sie dabei den rechten Fuß etwas an den linken heran.	Juchum sogi	Orun-jagun-dolchogwi (→ ›H‹)
23	Führen Sie **Modumbal** aus, indem Sie den rechten Fuß an den linken heranziehen. Den linken Fuß ziehen Sie dann schnell zum rechten Knie hoch, wobei Sie sich nach rechts drehen.	Orun-hakdari-sogi	Orun-jagun-dolchogwi (mit den Augen → ›H‹, der Körper ist ›L‹ zugewendet)
24	Treten Sie mit dem linken Fuß einen **Yop-chagi** in Richtung ›H‹ und setzen Sie ihn dann ab in Richtung ›H‹.	Oen-apkubi	Palgup-pyojok-chigi
25	Drehen Sie sich auf dem rechten Fuß nach rechts und ziehen Sie den linken Fuß etwas an den rechten heran.	Juchum-sogi	Oen-jagun-dolchogwi (Augen → ›V‹, Körper → ›L‹)
26	Führen Sie **Modumbal** aus, indem Sie den linken Fuß an den rechten heranziehen und den rechten dann sofort zum linken Knie hochziehen.	Oen-hakdari-sogi	Oen-jagun-dolchogwi
27	Treten Sie mit dem rechten Fuß einen **Yop-chagi** in Richtung ›V‹ und setzen Sie ihn dann in dieser Richtung ab.	Orun-apkubi	Palgup-pyojok-chigi
28	Drehen Sie sich auf dem rechten Fuß linksherum in Richtung ›H‹. Ziehen Sie beide Fäuste (Faustrücken nach oben) zurück an die Hüfte, ohne die Füße zu bewegen. Führen Sie die folgenden Bewegungen schnell aus!	Oen-apkubi Oen-apkubi	Momtong-hechyo-makki Du-jumok-jechyo-jirugi
29	Setzen Sie den rechten Fuß einen Schritt vor in Richtung ›H‹. Ziehen Sie daraufhin beide Fäuste zurück an die Hüfte, ohne die Füße zu versetzen.	Orun-apkubi Orun-apkubi	Momtong-hechyo-makki Du-jumok-jechyo-jirugi

Fortsetzung auf der nächsten Seite

	Körper- und Beinbewegungen	Stellungen	Handtechniken
30	Setzen Sie den linken Fuß einen Schritt vor in Richtung ›H‹.	Orun-dwitkubi	Han-sonnal-momtong-makki
31	Drehen Sie die linke Hand (mit einer Greif-bewegung) und ziehen Sie sie zur linken Hüfte, während Sie sich rechtsherum drehen und den rechten Fuß in Richtung ›H‹ vorsetzen.	Juchum-sogi	Orun-palgup-dwi-chigi (Augen → ›L‹, Körper → ›R‹)
32	Drehen Sie sich auf dem rechten Fuß nach links in Richtung ›V‹ und führen Sie dabei **Modumbal** mit dem linken Fuß aus.	Moa-sogi (ziemlich langsam)	Gyopson
	Die Bewegungen 33, 34 und 35 müssen in schneller Folge ausgeführt werden:		
33	Nun setzen Sie plötzlich den linken Fuß in Richtung ›L1‹ zur Seite, wobei Sie den Körper tiefersetzen.	Juchum-sogi	Monge-paegi
34	Versetzen Sie den Standort durch **Mikurumbal** etwas in Richtung ›R1‹.	Juchum-sogi	Orun-dwi-jirugi
35	Daraufhin versetzen Sie Ihren Standort durch **Mikurumbal** in Richtung ›L1‹.	Juchum-sogi	Oen-dwi-jirugi (›Kihap‹)
Guman	Ziehen Sie den linken Fuß an den rechten heran und blicken Sie in Richtung ›V‹.	Naranhi-sogi	Gibon-junbi

Taeguk   1 Jang

	Körper- und Beinbewegungen	Stellungen	Handtechniken
Junbi	Blicken Sie in Richtung ›V‹ und stellen Sie den linken Fuß zur Seite.	Naranhi-sogi	Gibon-junbi
1	Drehen Sie den Körper nach links und setzen Sie den linken Fuß in Richtung ›L1‹.	Oen-apsogi	Arae-makki
2	Setzen Sie den rechten Fuß einen Schritt vor in Richtung ›L1‹.	Orun-apsogi	Momtong-bandae-jirugi
3	Drehen Sie den Körper auf dem Ballen des linken Fußes um 180° rechtsherum, bis der rechte Fuß in Richtung ›R1‹ gesetzt werden kann.	Orun-apsogi	Arae-makki
4	Setzen Sie den linken Fuß einen Schritt vor in Richtung ›R1‹.	Oen-apsogi	Momtong-bandae-jirugi
5	Drehen Sie den Körper auf dem Ballen des rechten Fußes nach links und setzen Sie den linken Fuß einen Schritt vor in Richtung ›V‹.	Oen-apkubi	Arae-makki
6	Körper- und Fußstellung bleibt unverändert.	Oen-apkubi	Momtong-baro-jirugi
7	Setzen Sie den rechten Fuß einen Schritt in Richtung ›R2‹, während der linke Fuß stehen bleibt.	Orun-apsogi	**Momtong-an-makki**
8	Setzen Sie den linken Fuß einen Schritt vor in Richtung ›R2‹.	Oen-apsogi	Momtong-baro-jirugi
9	Drehen Sie sich auf dem Ballen des rechten Fußes um 180°, bis der linke Fuß in Richtung ›L2‹ gesetzt werden kann.	Oen-apsogi	**Momtong-an-makki**
10	Setzen Sie den rechten Fuß einen Schritt vor in Richtung ›L2‹.	Orun-apsogi	Momtong-baro-jirugi

Fortsetzung auf der nächsten Seite

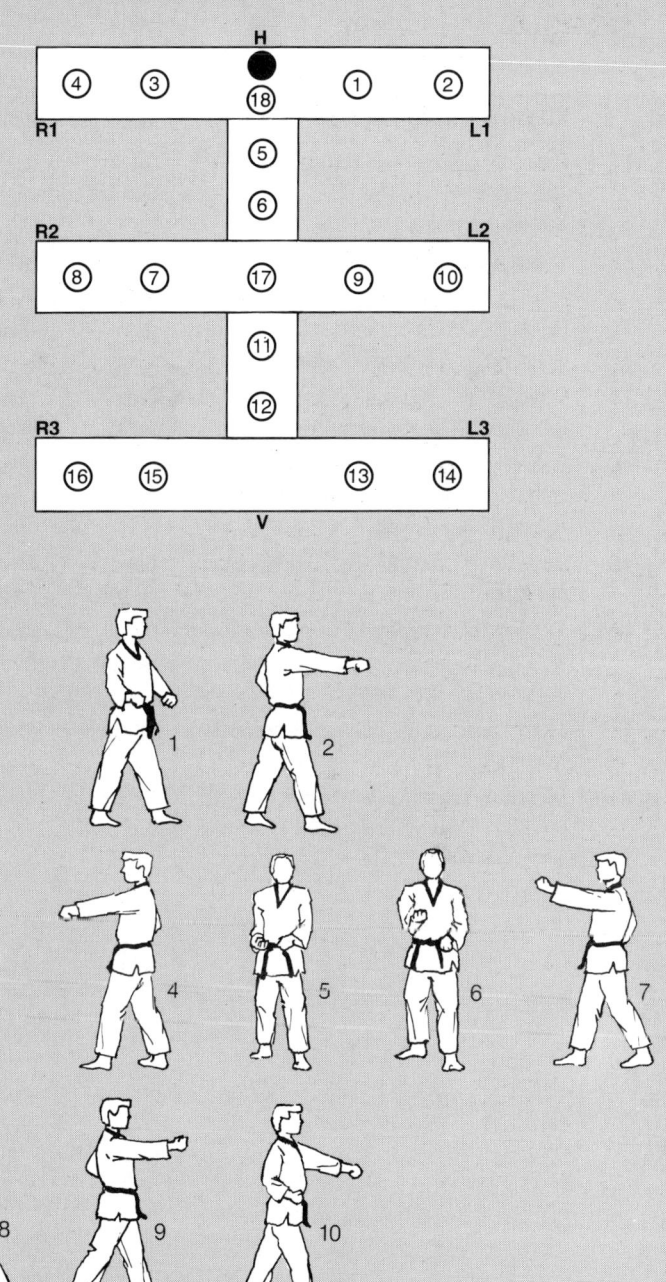

	Körper- und Beinbewegungen	Stellungen	Handtechniken
11	Drehen Sie sich auf dem Ballen des linken Fußes nach rechts und setzen Sie den rechten Fuß einen Schritt vor in Richtung ›V‹.	**Orun-apkubi**	**Arae-makki**
12	Körper- und Fußstellung bleibt unverändert.	**Orun-apkubi**	**Momtong-baro-jirugi**
13	Drehen Sie sich auf dem rechten Fuß nach links und setzen Sie den linken Fuß vor in Richtung ›L3‹.	**Oen-apsogi**	**Olgul-makki**
14	Treten Sie einen **Apchagi** mit dem rechten Fuß und setzen Sie ihn dann ab in Richtung ›L3‹.	**Orun-apsogi**	**Momtong-bandae-jirugi**
15	Drehen Sie sich auf dem linken Fuß um 180° rechtsherum und machen Sie einen Schritt in Richtung ›R3‹.	**Orun-apsogi**	**Olgul-makki**
16	Treten Sie mit dem linken Fuß einen **Apchagi** und setzen Sie ihn dann ab in Richtung ›R3‹.	**Oen-apsogi**	**Momtong-bandae-jirugi**
17	Benutzen Sie den rechten Fuß als Drehpunkt, um den Körper nach rechts zu drehen, und setzen Sie den linken Fuß einen Schritt vor in Richtung ›H‹.	**Oen-apkubi**	**Arae-makki**
18	Setzen Sie den rechten Fuß einen Schritt vor in Richtung ›H‹.	**Orun-apkubi**	**Momtong-bandae-jirugi** (›Kihap‹)
Guman	Machen Sie auf dem Ballen des rechten Fußes eine ganze Drehung linksherum, bis Sie in Richtung ›V‹ blicken.	**Naranhi-sogi**	**Gibon-junbi**

Taeguk 2 Jang

	Körper- und Beinbewegungen	Stellungen	Handtechniken
Junbi	Blicken Sie in Richtung ›V‹ und setzen Sie den linken Fuß zur Seite.	Naranhi-sogi	Gibon-junbi
1	Drehen Sie den Körper nach links und setzen Sie den linken Fuß vor in Richtung ›L1‹.	Oen-apsogi	Arae-makki
2	Setzen Sie den rechten Fuß einen Schritt vor in Richtung ›L1‹.	Orun-apkubi	Momtong-bandae-jirugi
3	Drehen Sie sich auf dem Ballen des linken Fußes rechtsherum, bis Sie den rechten Fuß in Richtung ›R1‹ vorsetzen können.	Orun-apsogi	Arae-makki
4	Setzen Sie den linken Fuß einen Schritt vor in Richtung ›R1‹.	Oen-apkubi	Momtong-bandae-jirugi
5	Drehen Sie den Körper auf dem Ballen des rechten Fußes nach links und machen Sie einen Schritt in Richtung ›V‹.	Oen-apsogi	Momtong-an-makki
6	Setzen Sie den rechten Fuß einen Schritt vor in Richtung ›V‹.	Orun-apsogi	Momtong-an-makki
7	Drehen Sie sich auf dem Ballen des rechten Fußes nach links und setzen Sie den linken Fuß einen Schritt vor in Richtung ›L2‹.	Oen-apsogi	Arae-makki
8	Treten Sie mit dem rechten Fuß einen **Apchagi** und setzen Sie ihn dann ab in Richtung ›L2‹.	Orun-apkubi	Olgul-bandae-jirugi
9	Drehen Sie sich auf dem Ballen des linken Fußes nach rechts, bis Sie den rechten Fuß in Richtung ›R2‹ setzen können.	Orun-apsogi	Arae-makki

Fortsetzung auf der nächsten Seite

Taeguk 2 Jang

	Körper- und Beinbewegungen	Stellungen	Handtechniken
10	Treten Sie mit dem linken Fuß einen **Apchagi** und setzen Sie ihn dann ab in Richtung ›R2‹.	Oen-apkubi	Olgul-bandae-jirugi
11	Drehen Sie den Körper auf dem Ballen des rechten Fußes nach links und setzen Sie den linken Fuß einen Schritt vor in Richtung ›V‹.	Oen-apsogi	Olgul-makki
12	Setzen Sie den rechten Fuß einen Schritt vor in Richtung ›V‹.	Orun-apsogi	Olgul-makki
13	Drehen Sie sich auf dem Ballen des rechten Fußes nach links und setzen Sie den linken Fuß einen Schritt vor in Richtung ›R3‹.	Oen-apsogi	**Momtong-an-makki**
14	Drehen Sie sich auf dem Ballen des linken Fußes um 180° nach rechts und setzen Sie den rechten Fuß in Richtung ›L3‹ vor.	Orun-apsogi	**Momtong-an-makki**
15	Drehen Sie sich nach links und setzen Sie den linken Fuß in Richtung ›H‹ vor, ohne dabei den rechten Fuß zu versetzen.	Oen-apsogi	Arae-makki
16	Treten Sie mit dem rechten Fuß einen **Apchagi** und setzen Sie ihn ab in Richtung ›H‹.	Orun-apsogi	Momtong-bandae-jirugi
17	Treten Sie mit dem linken Fuß einen **Apchagi** und setzen Sie ihn dann ab in Richtung ›H‹.	Oen-apsogi	Momtong-bandae-jirugi
18	Treten Sie erneut mit dem rechten Fuß einen **Apchagi** und setzen Sie ihn ab in Richtung ›H‹.	Orun-apsogi	Momtong-bandae-jirugi (›Kihap‹)
Guman	Drehen Sie sich auf dem Ballen des rechten Fußes linksherum, bis Sie in Richtung ›V‹ blicken.	Naranhi-sogi	Gibon-junbi

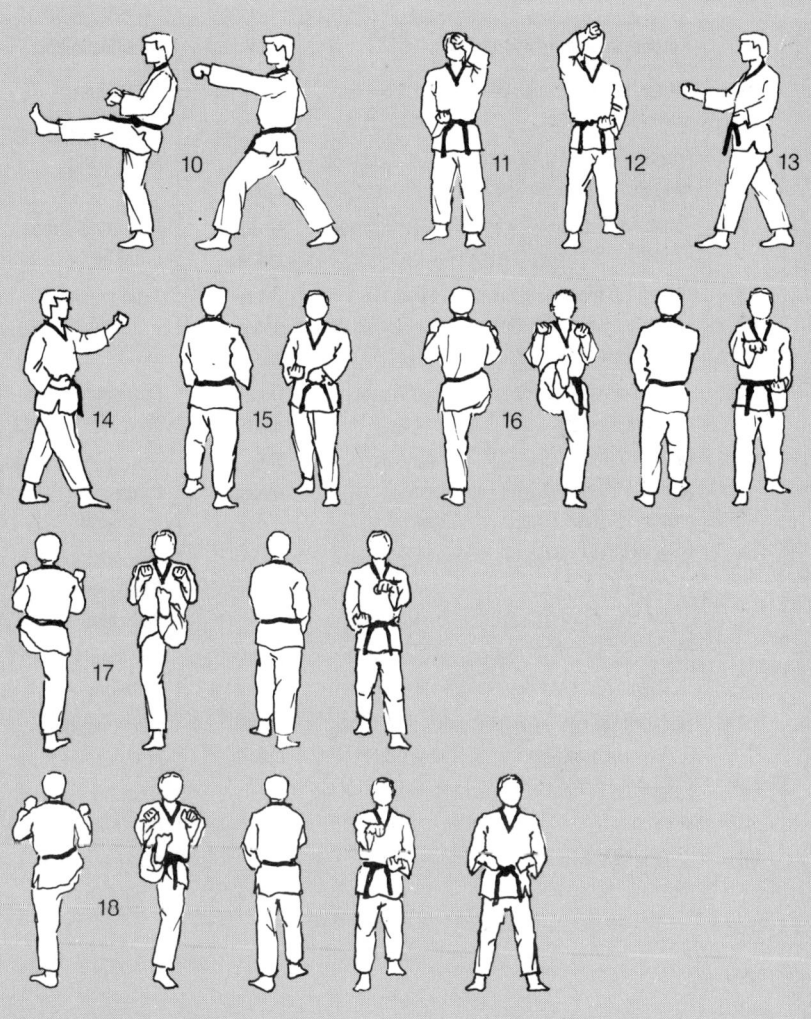

Taeguk 3 Jang

	Körper- und Beinbewegungen	Stellungen	Handtechniken
Junbi	Blicken Sie in Richtung ›V‹ und stellen Sie den linken Fuß zur Seite.	Naranhi-sogi	Gibon-junbi
1	Drehen Sie den Körper nach links und setzen Sie den linken Fuß einen Schritt vor in Richtung ›L1‹.	Oen-apsogi	Arae-makki
2	Treten Sie mit dem rechten Fuß einen **Apchagi** und setzen Sie ihn ab in Richtung ›L1‹.	Orun-apkubi	Momtong-dubon-jirugi (rechts-links)
3	Drehen Sie den Körper auf dem Ballen des linken Fußes um 180° rechtsherum und setzen Sie den rechten Fuß vor in Richtung ›R1‹.	Orun-apsogi	Arae-makki
4	Treten Sie mit dem linken Fuß einen **Apchagi** und setzen Sie ihn dann ab in Richtung ›R1‹.	Oen-apkubi	Momtong-dubon-jirugi (links-rechts)
5	Drehen Sie den Körper auf dem Ballen des rechten Fußes nach links und setzen Sie den linken Fuß einen Schritt vor in Richtung ›V‹.	Oen-apsogi	Orun-sonnal-anchigi (Orun-sonnal-mokchigi)
6	Setzen Sie den rechten Fuß einen Schritt vor in Richtung ›V‹.	Orun-apsogi	Oen-sonnal-anchigi (Oen-sonnal-mokchigi)
7	Setzen Sie den linken Fuß einen Schritt vor in Richtung ›L2‹, ohne den rechten Fuß zu versetzen.	Orun-dwitkubi	Oen-han-sonnal-momtong-yop-makki
8	Schieben Sie den linken Fuß etwas in Richtung ›L2‹ vor, ohne den rechten Fuß zu versetzen.	Oen-apkubi	Momtong-baro-jirugi
9	Lassen Sie den linken Fuß stehen und drehen Sie den Körper um 180° rechtsherum in Richtung ›R2‹.	Oen-dwitkubi	Orun-han-sonnal-momtong-yop-makki
10	Schieben Sie den rechten Fuß etwas vor in Richtung ›R2‹.	Orun-apkubi	Momtong-baro-jirugi

Fortsetzung auf der nächsten Seite

Taeguk 3 Jang

	Körper- und Beinbewegungen	Stellungen	Handtechniken
11	Setzen Sie den linken Fuß vor in Richtung ›V‹, ohne den rechten Fuß zu versetzen.	Oen-apsogi	**Momtong-an-makki**
12	Setzen Sie den rechten Fuß einen Schritt vor in Richtung ›V‹.	Orun-apsogi	**Momtong-an-makki**
13	Drehen Sie den Körper auf dem Ballen des rechten Fußes nach links und setzen Sie den linken Fuß vor in Richtung ›R 3‹.	Oen-apsogi	**Arae-makki**
14	Treten Sie mit dem rechten Fuß einen **Apchagi** und setzen Sie ihn dann ab in Richtung ›R 3‹.	Orun-apkubi	**Momtong-dubon-jirugi** (rechts-links)
15	Drehen Sie sich auf dem Ballen des linken Fußes um 180° rechtsherum und setzen Sie den rechten Fuß vor in Richtung ›L 3‹.	Orun-apsogi	**Arae-makki**
16	Treten Sie mit dem linken Fuß einen **Apchagi** und setzen Sie ihn dann ab in Richtung ›L 3‹.	Oen-apkubi	**Momtong-dubon-jirugi** (links-rechts)
17	Drehen Sie sich auf dem Ballen des rechten Fußes nach links und setzen Sie den linken Fuß einen Schritt vor in Richtung ›H‹.	Oen-apsogi	**Arae-makki** dann schnell: **Momtong-baro-jirugi**
18	Setzen Sie den rechten Fuß einen Schritt vor in Richtung ›H‹.	Orun-apsogi	**Arae-makki** dann schnell: **Momtong-baro-jirugi**
19	Treten Sie mit dem linken Fuß einen **Apchagi** und setzen Sie ihn ab in Richtung ›H‹.	Oen-apsogi	**Arae-makki** dann schnell: **Momtong-baro-jirugi**
20	Treten Sie mit dem rechten Fuß einen **Apchagi** und setzen Sie ihn dann ab in Richtung ›H‹.	Orun-apsogi	**Arae-makki** dann schnell: **Momtong-baro-jirugi** (›Kihap‹)
Guman	Drehen Sie den Körper auf dem Ballen des rechten Fußes nach links, bis Sie in Richtung ›V‹ blicken.	Naranhi-sogi	**Gibon-junbi**

Taeguk   4 Jang

	Körper- und Beinbewegungen	Stellungen	Handtechniken
Junbi	Blicken Sie in Richtung ›V‹ und setzen Sie den linken Fuß zur Seite.	Naranhi-sogi	Gibon-junbi
1	Drehen Sie den Körper nach links und setzen Sie den linken Fuß einen Schritt vor in Richtung ›L1‹.	Orun-dwitkubi	Sonnal-momtong-makki
2	Setzen Sie den rechten Fuß einen Schritt vor in Richtung ›L1‹.	Orun-apkubi	Orun-sonkut-sewo-chirugi
3	Drehen Sie sich auf dem Ballen des linken Fußes um 180° rechtsherum und setzen Sie dann den rechten Fuß einen Schritt vor in Richtung ›R1‹.	Oen-dwitkubi	Sonnal-momtong-makki
4	Setzen Sie den linken Fuß einen Schritt vor in Richtung ›R1‹.	Oen-apkubi	Oen-sonkut-sewo-chirugi
5	Drehen Sie sich auf dem Ballen des rechten Fußes linksherum und setzen Sie den linken Fuß einen Schritt vor in Richtung ›V‹.	Oen-apkubi	Jebipum-mok-chigi
6	Treten Sie mit dem rechten Fuß einen **Apchagi** und setzen Sie ihn ab in Richtung ›V‹.	Orun-apkubi	Momtong-baro-jirugi
7	Treten Sie mit dem linken Fuß einen **Yop-chagi,** ohne den rechten Fuß zu versetzen, und setzen Sie ihn dann in Richtung ›V‹ ab.		(Führen Sie diese Bewegung so schnell wie möglich aus)
8	Treten Sie dann mit dem rechten Fuß einen **Yop-chagi,** ohne den rechten Fuß zu versetzen, und setzen Sie den rechten Fuß in Richtung ›V‹ ab.	Oen-dwitkubi	Sonnal-momtong-makki
9	Drehen Sie sich auf dem Ballen des rechten Fußes nach links, bis Sie den linken Fuß einen Schritt in Richtung ›R3‹ vorsetzen können.	Orun-dwitkubi	Momtong-bakkat-makki

Fortsetzung auf der nächsten Seite

	Körper- und Beinbewegungen	Stellungen	Handtechniken
10	Während der linke Fuß stehenbleibt, treten Sie mit dem rechten einen **Apchagi** und setzen ihn dann wieder auf den ursprünglichen Platz zurück.	Orun-dwitkubi	**Momtong-an-makki**
11	Drehen Sie den Körper auf der Stelle um 180° rechtsherum in Richtung ›L3‹.	Oen-dwitkubi	**Momtong-bakkat-makki**
12	Während der rechte Fuß stehenbleibt, treten Sie mit dem linken einen **Apchagi** und setzen ihn dann wieder auf dem ursprünglichen Platz ab.	Oen-dwitkubi	**Momtong-an-makki**
13	Setzen Sie den linken Fuß einen Schritt vor in Richtung ›H‹, ohne den rechten zu versetzen.	Oen-apkubi	**Jebipum-mok-chigi**
14	Treten Sie mit dem rechten Fuß einen **Apchagi** und setzen Sie ihn dann einen Schritt vor in Richtung ›H‹.	Orun-apkubi	**Orun-dungjumok-olgul-apchigi**
15	Setzen Sie den linken Fuß nach rechts in Richtung ›R2‹, wobei der rechte Fuß stehenbleibt.	Oen-apsogi	**Momtong-makki**
16	Die Fußstellung bleibt unverändert.	Oen-apsogi	**Momtong-baro-jirugi**
17	Drehen Sie den Körper auf der Stelle um 180° rechtsherum, bis Sie in Richtung ›L2‹ blicken.	Orun-apsogi	**Momtong-makki**
18	Die Fußstellung bleibt unverändert.	Orun-apsogi	**Momtong-baro-jirugi**
19	Setzen Sie den linken Fuß vor in Richtung ›H‹, während der rechte stehenbleibt.	Oen-apkubi	**Momtong-makki** dann schnell: **Momtong-dubon-jirugi** (rechts-links)
20	Setzen Sie den rechten Fuß einen Schritt vor in Richtung ›H‹.	Orun-apkubi	**Momtong-makki** dann schnell: **Momtong-dubon-jirugi** (links-rechts) (›Kihap‹)
Guman	Drehen Sie sich auf dem Ballen des rechten Fußes linksherum, bis Sie in Richtung ›V‹ blicken.	Naranhi-sogi	**Gibon-junbi**

Taeguk   5 Jang

	Körper- und Beinbewegungen	Stellungen	Handtechniken
Junbi	Blicken Sie in Richtung ›V‹ und setzen Sie den linken Fuß einen Schritt zur Seite.	Naranhi-sogi	Gibon-junbi
1	Drehen Sie den Körper nach links und setzen Sie den linken Fuß vor in Richtung ›L1‹.	Oen-apkubi	Arae-makki
2	Richten Sie den Körper auf, während Sie den linken Fuß an den rechten heranziehen. Gleichzeitig führen Sie die linke Faust dicht vor dem Körper in einem großen Kreisbogen auswärts. Schnell!	Oen-sogi	Mejumok-naeryo-chigi
3	Drehen Sie den Körper auf dem Ballen des linken Fußes um 180° rechtsherum und setzen Sie den Fuß einen Schritt vor in Richtung ›R1‹.	Orun-apkubi	Arae-makki
4	Richten Sie den Körper auf, während Sie den rechten Fuß an den linken heranziehen. Gleichzeitig führen Sie die rechte Faust dicht vor dem Körper in einem großen Kreisbogen auswärts. Schnell!	Orun-sogi	Mejumok-naeryo-chigi
5	Setzen Sie den linken Fuß einen Schritt vor in Richtung ›V‹, ohne den rechten zu versetzen.	Oen-apkubi	Momtong-makki und dann: Momtong-anmakki
6	Treten Sie mit dem rechten Fuß einen **Apchagi** und setzen Sie ihn dann nach vorne ab in Richtung ›V‹.	Orun-apkubi	**Orun-dungjumok-olgul-apchigi** und dann: **Momtong-an-makki**
7	Treten Sie mit dem linken Fuß einen **Apchagi** und setzen Sie ihn dann ab in Richtung ›V‹.	Oen-apkubi	**Oen-dungjumok-olgul-apchigi** und dann: **Momtong-an-makki**
8	Setzen Sie den rechten Fuß einen Schritt vor in Richtung ›V‹.	Orun-apkubi	**Orun-dungjumok-olgul-apchigi**
9	Drehen Sie den Körper auf dem Ballen des rechten Fußes nach links und setzen Sie den linken Fuß einen Schritt vor in Richtung ›R3‹.	Orun-dwitkubi	**Oen-han-sonnal-momtong-yop-makki**
10	Schieben Sie den rechten Fuß einen Schritt vor in Richtung ›R3‹.	Orun-apkubi	**Orun-palgup-momtong-chigi**

Fortsetzung auf der nächsten Seite

	Körper- und Beinbewegungen	Stellungen	Handtechniken
11	Drehen Sie den Körper auf dem linken Fuß um 180° rechtsherum und setzen Sie den rechten Fuß vor in Richtung ›L 3‹.	**Oen-dwitkubi**	**Orun-han-sonnal-momtong-yop-makki**
12	Schieben Sie den linken Fuß einen Schritt vor in Richtung ›L 3‹.	**Oen-apkubi**	**Oen-palgup-momtong-chigi**
13	Drehen Sie sich auf dem Ballen des rechten Fußes nach links und setzen Sie den linken Fuß einen Schritt vor in Richtung ›H‹.	**Oen-apkubi**	**Arae-makki** und dann: **Momtong-an-makki**
14	Treten Sie mit dem rechten Fuß einen **Apchagi** und setzen Sie ihn dann ab in Richtung ›H‹.	**Orun-apkubi**	**Arae-makki** und dann: **Momtong-an-makki**
15	Setzen Sie den linken Fuß vor in Richtung ›R 2‹, ohne den rechten zu versetzen.	**Oen-apkubi**	**Olgul-makki**
16	Treten Sie mit dem rechten Fuß einen **Yop-chagi** und setzen Sie ihn ab in Richtung ›R 2‹.	**Orun-apkubi**	**Oen-palgup-momtong-pyojok-chigi**
17	Drehen Sie sich auf dem Ballen des linken Fußes um 180° rechtsherum und setzen Sie den rechten Fuß vor in Richtung ›L 2‹.	**Orun-apkubi**	**Olgul-makki**
18	Treten Sie mit dem linken Fuß einen **Yop-chagi** und setzen Sie ihn dann ab in Richtung ›L 2‹.	**Oen-apkubi**	**Orun-palgup-momtong-pyojok-chigi**
19	Drehen Sie sich auf dem Ballen des rechten Fußes nach links und setzen Sie den linken Fuß vor in Richtung ›H‹.	**Oen-apkubi**	**Arae-makki** dann schnell: **Momtong-an-makki**
20	Treten Sie mit dem rechten Fuß einen **Apchagi** und setzen Sie ihn dann nach einem gesprungenen Schritt in Richtung ›H‹ nach vorne ab.	**Dwi-kkoa-sogi**	**Orun-dungjumok-olgul-apchigi** (schnell) (›Kihap‹)
Guman	Drehen Sie sich auf dem Ballen des rechten Fußes linksherum, bis Sie in Richtung ›V‹ blicken.	**Naranhi-sogi**	**Gibon-junbi**

11   12   13

14   15

16   17

18   19

20

Taeguk 6 Jang

	Körper- und Beinbewegungen	Stellungen	Handtechniken
Junbi	Setzen Sie den linken Fuß einen Schritt zur Seite und blicken Sie in Richtung ⟩V⟨.	**Naranhi-sogi**	Gibon-junbi
1	Drehen Sie den Körper nach links und setzen Sie den linken Fuß in die Richtung ⟩L1⟨.	**Oen-apkubi**	Arae-makki
2	Treten Sie mit dem rechten Fuß einen **Apchagi** und setzen Sie ihn am ursprünglichen Platz wieder ab. Der linke Fuß wird zum **Dwitkubi** ein wenig zurückgezogen.	**Orun-dwitkubi**	Momtong-bakkat-makki
3	Drehen Sie sich auf dem linken Fuß um 180° nach rechts in Richtung ⟩R1⟨.	**Orun-apkubi**	Arae-makki
4	Treten Sie mit dem linken Fuß einen **Apchagi** und setzen Sie ihn dann am ursprünglichen Platz wieder ab. Der rechte Fuß wird zum **Dwitkubi** ein wenig zurückgezogen.	**Oen-dwitkubi**	Momtong-bakkat-makki
5	Drehen Sie sich auf dem rechten Fuß nach links und setzen Sie den linken Fuß vor in Richtung ⟩V⟨.	**Oen-apkubi**	**Han-sonnal-bituro-makki**
6	Treten Sie mit dem rechten Fuß einen **Dollyo-chagi** und setzen Sie ihn dann ab in Richtung ⟩V⟨.		
	Setzen Sie den linken Fuß schnell einen Schritt vor in Richtung ⟩L2⟨.	**Oen-apkubi**	**Olgul-bakkat-makki** und dann: **Momtong-baro-jirugi**
7	Treten Sie mit dem rechten Fuß einen **Apchagi** und setzen Sie ihn dann ab in Richtung ⟩L2⟨.	**Orun-apkubi**	Momtong-baro-jirugi
8	Drehen Sie sich auf dem Ballen des linken Fußes um 180° rechtsherum und setzen Sie den rechten Fuß vor in Richtung ⟩R2⟨.	**Orun-apkubi**	**Olgul-bakkat-makki** und dann: **Momtong-baro-jirugi**
9	Treten Sie mit dem linken Fuß einen **Apchagi** und setzen Sie ihn dann ab in Richtung ⟩R2⟨.	**Oen-apkubi**	Momtong-baro-jirugi

Fortsetzung auf der nächsten Seite

	Körper- und Beinbewegungen	Stellungen	Handtechniken
10	Drehen Sie den Körper auf dem Ballen des rechten Fußes nach links und blicken Sie in Richtung ›V‹.	**Naranhi-sogi**	**Arae-hechyo-makki** (langsam)
11	Setzen Sie den rechten Fuß einen Schritt vor in Richtung ›V‹.	**Orun-apkubi**	**Han-sonnal-bituro-makki**
12	Treten Sie mit dem linken Fuß einen **Dollyo-chagi** (›Kihap‹) und setzen Sie ihn ab in Richtung ›V‹. Drehen Sie sich schnell rechtsherum und setzen Sie den rechten Fuß in Richtung ›L 3‹.	**Orun-apkubi**	**Arae-makki**
13	Treten Sie mit dem linken Fuß einen **Apchagi** und setzen Sie ihn dann am ursprünglichen Platz wieder ab. Der rechte Fuß wird zum **Dwitkubi** ein wenig zurückgezogen.	**Oen-dwitkubi**	**Momtong-bakkat-makki**
14	Drehen Sie sich auf dem rechten Fuß um 180° nach links in Richtung ›R 3‹.	**Oen-apkubi**	**Arae-makki**
15	Treten Sie einen **Apchagi** mit dem rechten Fuß und setzen Sie ihn dann am ursprünglichen Platz wieder ab. Der linke Fuß wird zum **Dwitkubi** ein wenig zurückgezogen.	**Orun-dwitkubi**	**Momtong-bakkat-makki**
16	Drehen Sie sich auf dem linken Fuß in Richtung ›V‹, setzen Sie aber den rechten Fuß nach hinten in Richtung ›H‹.	**Orun-dwitkubi**	**Sonnal-momtong-makki**
17	Blicken Sie weiter in Richtung ›V‹, setzen Sie dabei aber den linken Fuß zurück in Richtung ›H‹.	**Oen-dwitkubi**	**Sonnal-momtong-makki**
18	Setzen Sie den rechten Fuß einen Schritt zurück in Richtung ›H‹. Die Fußstellung bleibt unverändert.	**Oen-apkubi**	**Batangson-momtong-makki** dann schnell: **Momtong-baro-jirugi**
19	Blicken Sie weiterhin in Richtung ›V‹, setzen Sie aber den linken Fuß zurück in Richtung ›H‹. Die Fußstellung bleibt unverändert.	**Orun-apkubi**	**Batangson-momtong-makki** dann schnell: **Momtong-baro-jirugi**
Guman	Ziehen Sie den rechten Fuß zurück bis auf Höhe des linken Fußes und blicken Sie in Richtung ›V‹.	**Naranhi-sogi**	**Gibon-junbi**

Taeguk 7 Jang

	Körper- und Beinbewegungen	Stellungen	Handtechniken
Junbi	Blicken Sie in Richtung ›V‹ und setzen Sie den linken Fuß einen Schritt zur Seite.	Naranhi-sogi	Gibon-junbi
1	Drehen Sie sich nach links in Richtung ›L1‹.	Oen-bomsogi	**Batangson-momtong-an-makki**
2	Treten Sie mit dem rechten Fuß einen **Apchagi** und setzen Sie ihn am ursprünglichen Platz ab.	Oen-bomsogi	**Momtong-makki**
3	Drehen Sie den Körper auf dem linken Fuß um 180° rechtsherum in Richtung ›R1‹.	Orun-bomsogi	**Batangson-momtong-an-makki**
4	Treten Sie mit dem linken Fuß einen **Apchagi** und setzen Sie ihn am ursprünglichen Platz ab.	Orun-bomsogi	**Momtong-makki**
5	Setzen Sie den linken Fuß in Richtung ›V‹ vor, ohne den rechten zu versetzen.	Orun-dwitkubi	**Sonnal-arae-makki**
6	Setzen Sie den rechten Fuß vor in Richtung ›V‹.	Oen-dwitkubi	**Sonnal-arae-makki**
7	Setzen Sie den linken Fuß vor in Richtung ›L2‹, ohne den rechten Fuß zu versetzen.	Oen-bomsogi	**Goduro-batangson-momtong-an-makki**
8	Die Fußstellung bleibt unverändert.	Oen-bomsogi	**Orun-dungjumok-apchigi** (schnell)
9	Auf der Stelle drehen Sie sich rechtsherum in Richtung ›R2‹.	Orun-bomsogi	**Goduro-batangson-momtong-an-makki**
10	Die Fußstellung bleibt unverändert.	Orun-bomsogi	**Oen-dungjumok-apchigi**
11	Richten Sie den Körper auf und ziehen Sie dabei den linken Fuß an den rechten heran, ohne diesen zu bewegen **(Modumbal).** Blick Richtung ›V‹.	Moa-sogi	**Bo-jumok** (vor dem Hals)
12	Setzen Sie den linken Fuß einen Schritt vor in Richtung ›V‹.	Oen-apkubi	**Dubon-gawi-makki** 1. **Bandae-gawi-makki** z. B. **Orun-bakkat-palmok-arae-makki** und **Oen-an-palmok-bakkat-momtong-makki** 2. **Gawi-makki** (schnell hintereinander)
13	Setzen Sie den rechten Fuß einen Schritt vor in Richtung ›V‹.	Orun-apkubi	**Dubon-gawi-makki** in schneller Folge

Fortsetzung auf der nächsten Seite

Taeguk 7 Jang

	Körper- und Beinbewegungen	Stellungen	Handtechniken
14	Drehen Sie sich auf dem Ballen des rechten Fußes linksherum und setzen Sie den linken Fuß vor in Richtung ›R3‹.	Oen-apkubi	Momtong-hechyo-makki
15	Ziehen Sie das rechte Knie kräftig hoch zu einem **Murup-chigi** und springen Sie dann schnell einen Schritt vor in Richtung ›R3‹.	Orun-kkoa-sogi	Momtong-jechyo-jirugi (schnell)
16	Lassen Sie den rechten Fuß stehen und setzen Sie nur den linken zurück, während Sie weiter in Richtung ›R3‹ blicken.	Orun-apkubi	Otgoro-arae-makki
17	Drehen Sie sich auf dem Ballen des linken Fußes um 180° rechtsherum und setzen Sie den rechten Fuß vor in Richtung ›L3‹.	Orun-apkubi	Momtong-hechyo-makki
18	Ziehen Sie das linke Knie kräftig hoch zu einem **Murup-chigi** und springen Sie dann schnell einen Schritt vor in Richtung ›L3‹.	Oen-kkoa-sogi	Momtong-jechyo-jirugi (schnell)
19	Lassen Sie den linken Fuß stehen und setzen Sie nur den rechten Fuß zurück, während Sie weiterhin in Richtung ›L3‹ blicken.	Oen-apkubi	Otgoro-arae-makki
20	Richten Sie den Körper auf und setzen Sie den linken Fuß vor in Richtung ›H‹.	Oen-apsogi	Oen-dungjumok-olgul-bakkat-chigi
21	Treten Sie mit dem rechten Fuß einen **Pyojok-chagi** gegen die ausgestreckte linke Hand und setzen Sie ihn dann ab in Richtung ›H‹.	Juchum-sogi	Orun-palgup-pyojok-chigi (→ ›H‹)
22	Lassen Sie den rechten Fuß stehen und richten Sie den Körper auf, wobei Sie den rechten Fuß heranziehen.	Orun-apsogi	Orun-dungjumok-olgul-bakkat-chigi
23	Treten Sie mit dem linken Fuß einen **Pyojok-chagi** gegen die ausgestreckte rechte Hand und setzen Sie ihn dann ab in Richtung ›H‹.	Juchum-sogi	Oen-palgup-pyojok-chigi (→ ›H‹)
24	Die Fußstellung bleibt unverändert.	Juchum-sogi	Oen-han-sonnal-momtong-yop-makki
25	Setzen Sie den rechten Fuß einen Schritt vor in Richtung ›H‹.	Juchum-sogi	Orun-yop-jirugi (›Kihap‹)
Guman	Drehen Sie sich auf dem Ballen des rechten Fußes linksherum und blicken Sie in Richtung ›V‹.	Naranhi-sogi	Gibon-junbi

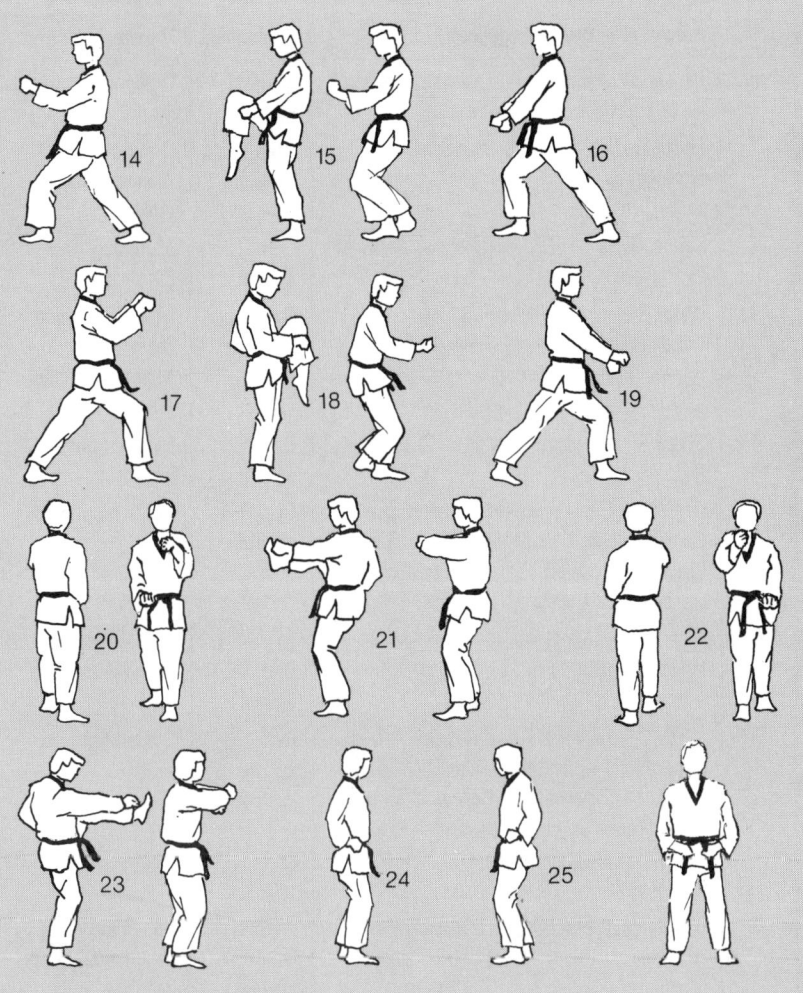

Taeguk 8 Jang

	Körper- und Beinbewegungen	Stellungen	Handtechniken
Junbi	Blicken Sie in Richtung ›V‹ und stellen Sie den linken Fuß einen Schritt zur Seite.	Naranhi-sogi	Gibon-junbi
1	Setzen Sie den linken Fuß einen Schritt vor in Richtung ›V‹.	Orun-dwitkubi	Goduro-momtong-bakkat-makki
2	Setzen Sie den rechten Fuß einen halben Schritt vor in Richtung ›V‹.	Oen-apkubi	Momtong-baro-jirugi
3	Treten Sie mit dem linken Fuß einen **Dubaldangsong-apchagi**, indem Sie nach vorne in Richtung ›V‹ springen (›Kihap‹).	Oen-apkubi	Momtong-makki dann: Momtong-dubon-jirugi
4	Setzen Sie den rechten Fuß einen Schritt vor in Richtung ›V‹.	Orun-apkubi	Momtong-bandae-jirugi
5	Drehen Sie sich auf dem Ballen des rechten Fußes linksherum, bis Sie den linken Fuß in Richtung ›R 3‹ setzen können. Der Kopf ist in Richtung ›R 3‹ gedreht.	Orun-apkubi	Oesantul-makki
6	Führen Sie auf der Stelle eine Positionsänderung in Richtung ›R 3‹ durch.	Wechsel in Oen-apkubi	**Orun-jumok-danggyo-tok-jirugi** (langsam)
7	Ziehen Sie den linken Fuß in Richtung ›L 3‹ vor den rechten Fuß, der stehenbleibt. Dabei verlagern Sie das Gleichgewicht zum **Oen-ap-kkoa-sogi**. Danach setzen Sie den rechten Fuß in Richtung ›L 3‹ einen Schritt vor. Der Kopf ist in Richtung ›L 3‹ gedreht.	Oen-apkubi (mit Blick → ›L 3‹)	Oesantul-makki
8	Drehen Sie den Körper nach rechts, ohne die Füße zu versetzen, wobei die Blickrichtung ›L 3‹ bleibt.	Wechsel in Orun-apkubi	**Oen-jumok-danggyo-tok-jirugi** (langsam)
9	Drehen Sie sich auf dem Ballen des linken Fußes nach links und setzen Sie den rechten Fuß in Richtung ›H‹, blicken Sie aber in Richtung ›V‹.	Orun-dwitkubi	Sonnal-momtong-makki
10	Setzen Sie den linken Fuß etwas nach vorne, ohne den rechten zu versetzen.	Oen-apkubi	Momtong-baro-jirugi

Fortsetzung auf der nächsten Seite

Taeguk 8 Jang

	Körper- und Beinbewegungen	Stellungen	Handtechniken
11	Treten Sie mit dem rechten Fuß einen **Apchagi** und setzen Sie ihn dann am ursprünglichen Platz wieder ab. Danach gehen Sie schnell mit dem linken Fuß einen Schritt zurück und ziehen den rechten etwas an den linken heran.	Orun-bomsogi	Batangson-momtong-makki
12	Setzen Sie den linken Fuß in Richtung ›L 2‹ vor.	Oen-bomsogi	Sonnal-momtong-makki
13	Der rechte Fuß bleibt stehen, während Sie mit dem linken einen **Apchagi** treten und ihn dann in Richtung ›L 2‹ absetzen.	Oen-apkubi	Momtong-baro-jirugi
14	Ziehen Sie den linken Fuß etwas heran, ohne den rechten zu bewegen.	Oen-bomsogi	Batangson-momtong-makki
15	Drehen Sie den Körper auf dem linken Fuß um 180° rechtsherum in Richtung ›R 2‹.	Orun-bomsogi	Sonnal-momtong-makki
16	Der linke Fuß bleibt stehen, während Sie mit dem rechten einen **Apchagi** treten und ihn dann in Richtung ›R 2‹ absetzen.	Orun-apkubi	Momtong-baro-jirugi
17	Ziehen Sie den rechten Fuß etwas heran, ohne den linken zu versetzen.	Orun-bomsogi	Batangson-momtong-makki
18	Drehen Sie sich nach rechts und setzen Sie den rechten Fuß in die Richtung ›H‹, wobei der linke stehenbleibt.	Oen-dwitkubi	**Goduro-arae-makki** (→ ›H‹)
19	Treten Sie mit dem linken Fuß einen **Apchagi**, ohne den rechten zu bewegen. Danach treten Sie schnell mit dem rechten Fuß einen **Apchagi** im Sprung auf der Stelle (der linke Fuß muß dort aufkommen, wo der rechte stand). (›Kihap‹)	Orun-apkubi	**Momtong-makki** und danach: **Oen-orun-momtong-jirugi**

Fortsetzung auf der nächsten Seite

Taeguk 8 Jang

	Körper- und Beinbewegungen	Stellungen	Handtechniken
20	Drehen Sie sich auf dem Ballen des rechten Fußes linksherum und setzen Sie den linken Fuß vor in Richtung ›L1‹.	**Orun-dwitkubi**	**Han-sonnal-momtong-yop-makki**
21	Schieben Sie den linken Fuß in Richtung ›L1‹ vor.	Wechsel in **Oen-apkubi**	**Orun-palgup-olgul-dollyo-chigi**
22	Die Fußstellung bleibt unverändert.	**Oen-apkubi**	**Orun-dungjumok-apchigi**
23	Die Fußstellung bleibt unverändert.	**Oen-apkubi**	**Momtong-bandae-jirugi**
24	Drehen Sie den Körper auf dem linken Fuß um 180° rechtsherum in Richtung ›R1‹, wobei Sie den rechten Fuß etwas an den linken heranziehen.	**Oen-dwitkubi**	**Han-sonnal-momtong-yop-makki**
25	Schieben Sie den rechten Fuß etwas vor in Richtung ›R1‹.	**Orun-apkubi**	**Oen-palgup-olgul-dollyo-chigi**
26	Die Fußstellung bleibt unverändert.	**Orun-apkubi**	**Oen-dungjumok-olgul-apchigi**
27	Die Fußstellung bleibt unverändert.	**Orun-apkubi**	**Momtong-bandae-jirugi**
Guman	Ziehen Sie den linken Fuß heran und drehen Sie sich nach links in Richtung ›V‹.	**Naranhi-sogi**	**Gibon-junbi**

Koryo

	Körper- und Beinbewegungen	Stellungen	Handtechniken
Junbi	Blicken Sie in Richtung ›V‹ und setzen Sie den linken Fuß zur Seite. Heben Sie die Hände in Kinnhöhe.	Naranhi-sogi	Tongmilgi-junbi
1	Drehen Sie sich nach links und setzen Sie den linken Fuß vor in Richtung ›L1‹.	Orun-dwitkubi	Sonnal-momtong-makki
2	Während der linke Fuß stehenbleibt, treten Sie mit dem rechten einen **Arae-yop-chagi** in Knie-höhe und dann einen **Momtong-yop-chagi** in Richtung ›L1‹. Dann setzen Sie den Fuß in dieser Richtung ab.	Orun-apkubi	Sonnal-bakkat-chigi
3	Die Körperstellung bleibt unverändert.	Orun-apkubi	Momtong-baro-jirugi
4	Der rechte Fuß wird etwas zurückgezogen, während der linke stehenbleibt.	Oen-dwitkubi	Momtong-makki
5	Drehen Sie sich auf dem Ballen des linken Fußes um 180° rechtsherum und setzen Sie den rechten Fuß einen Schritt vor in Richtung ›R1‹.	Oen-dwitkubi	Sonnal-momtong-makki
6	Während der rechte Fuß stehenbleibt, treten Sie mit dem linken einen **Arae-yop-chagi** und dann einen **Momtong-yop-chagi** in Richtung ›R1‹. Dann setzen Sie den Fuß in dieser Richtung ab.	Oen-apkubi	Sonnal-bakkat-chigi
7	Die Fußstellung bleibt unverändert.	Oen-apkubi	Momtong-baro-jirugi
8	Der linke Fuß wird etwas zurückgezogen, während der rechte stehenbleibt.	Orun-dwitkubi	Momtong-makki
9	Drehen Sie sich auf dem Ballen des rechten Fußes nach links und setzen Sie den linken Fuß vor in Richtung ›V‹. Dabei führen sie **Oen-han-sonnal-arae-makki** aus.	Oen-apkubi	Orun-kaljabi

Fortsetzung auf der nächsten Seite

Koryo

	Körper- und Beinbewegungen	Stellungen	Handtechniken
10	Treten Sie mit dem rechten Fuß einen **Apchagi** und setzen Sie ihn dann ab in Richtung ›V‹. Dabei führen Sie **Orun-han-sonnal-arae-makki** aus.	Orun-apkubi	Oen-kaljabi
11	Treten Sie mit dem linken Fuß einen **Apchagi** und setzen Sie ihn dann ab in Richtung ›V‹. Dabei führen Sie **Oen-han-sonnal-arae-makki** aus.	Oen-apkubi	Orun-kaljabi (›Kihap‹)
12	Treten Sie mit dem rechten Fuß einen **Apchagi** und setzen Sie ihn dann ab in Richtung ›V‹.	Orun-apkubi	**Murup-kokki**
13	Drehen Sie sich auf dem rechten Fuß um 180° rechtsherum, bis Sie den linken Fuß in Richtung ›V‹ setzen können. Der Blick geht in Richtung ›H‹, der rechte Fuß steht vorne.	Orun-apkubi	**An-palmok-momtong-hechyo-makki**
14	Treten Sie mit dem linken Fuß einen **Apchagi** und setzen Sie ihn dann ab in Richtung ›H‹.	Oen-apkubi	**Murup-kokki**
15	Ziehen Sie den linken Fuß etwas zurück, während der rechte stehenbleibt.	Oen-apsogi	**An-palmok-momtong-hechyo-makki**
16	Drehen Sie sich auf dem Ballen des linken Fußes nach rechts, bis Sie den rechten Fuß in Richtung ›R 2‹ setzen können. Blickrichtung ist ›L 2‹.	Juchum-sogi	Oen-han-sonnal-yop-makki
17	Die Fußstellung bleibt unverändert.	Juchum-sogi	Orun-jumok-pyojok-jirugi
18	Der rechte Fuß wird vorne über den linken gekreuzt zu **Kkoa-sogi**. Gleichzeitig werden die Hände an die ›R 2‹ zugewandte Seite der Taille genommen. Das Körpergewicht wird auf den rechten Fuß verlagert und mit dem linken wird ein **Yop-chagi** in Richtung ›L 2‹ getreten. Zum Schluß blicken Sie in Richtung ›R 2‹.	Orun-apkubi	Oen-pyonsonkut-arae-jechyo-chirugi
19	Der rechte Fuß wird etwas zurückgezogen, während der linke stehenbleibt.	Orun-apsogi	Arae-makki
20	Setzen Sie den linken Fuß einen Schritt vor in Richtung ›R 2‹. Dabei führen Sie **Oen-batangson-momtong-nullo-makki** aus. Dann setzen Sie schnell den rechten Fuß einen Schritt vor.	Juchum-sogi	Orun-palgup-yop-chigi (→ ›R 2‹)

Fortsetzung auf der nächsten Seite

	Körper- und Beinbewegungen	Stellungen	Handtechniken
21	Die Fußstellung bleibt unverändert.	Juchum-sogi	Orun-han-sonnal-momtong-yop-makki
22	Die Fußstellung bleibt unverändert.	Juchum-sogi	**Oen-jumok-pyojok-jirugi**
23	Der linke Fuß wird vorne über den rechten gekreuzt zu **Apkkoa-sogi.** Das Körpergewicht wird auf den linken Fuß verlagert und mit dem rechten wird ein **Yop-chagi** in Richtung ›R 2‹ getreten. Er wird dann in dieser Richtung abgesetzt, während man sich nach ›L 2‹ dreht.	Oen-apkubi	Orun-pyonsonkut-arae-jechyo-chirugi
24	Der linke Fuß wird etwas zurückgezogen, während der rechte stehenbleibt.	Oen-apsogi	**Arae-makki**
25	Setzen Sie den rechten Fuß einen Schritt vor in Richtung ›L 2‹. Dabei führen Sie **Orun-batangson-momtong-nullo-makki** aus. Dann setzen Sie schnell den linken Fuß einen Schritt vor.	Juchum-sogi	Oen-palgup-yop-chigi
26	Heben Sie beide Hände über den Kopf und führen Sie sie dann in einem Kreisbogen nach außen und schließlich nach unten wieder zusammen. Der linke Fuß wird an den rechten herangezogen zu **Modumbal.**	Moa-sogi	**Oen-mejumok-arae-pyojok-chigi** (→ ›V‹)
27	Drehen Sie sich auf dem rechten Fuß nach links und setzen Sie den linken Fuß einen Schritt in Richtung ›H‹ vor. Machen Sie dabei **Oen-han-sonnal-bakkat-chigi.**	Oen-apkubi	Oen-han-sonnal-arae-makki
28	Setzen Sie den rechten Fuß vor in Richtung ›H‹ und führen Sie dabei **Orun-han-sonnal-mokchigi** aus.	Orun-apkubi	Orun-han-sonnal-arae-makki
29	Nun setzen Sie den linken Fuß einen Schritt vor in Richtung ›H‹ und führen dabei **Oen-han-sonnal-mokchigi** aus.	Oen-apkubi	Oen-han-sonnal-arae-makki
30	Setzen Sie den rechten Fuß einen Schritt vor in Richtung ›H‹.	Orun-apkubi	**Orun-kaljabi** (›Kihap‹)
Guman	Drehen Sie sich auf dem Ballen des rechten Fußes linksherum, bis Sie in Richtung ›V‹ sehen.	Naranhi-sogi	**Tongmilgi-junbi**

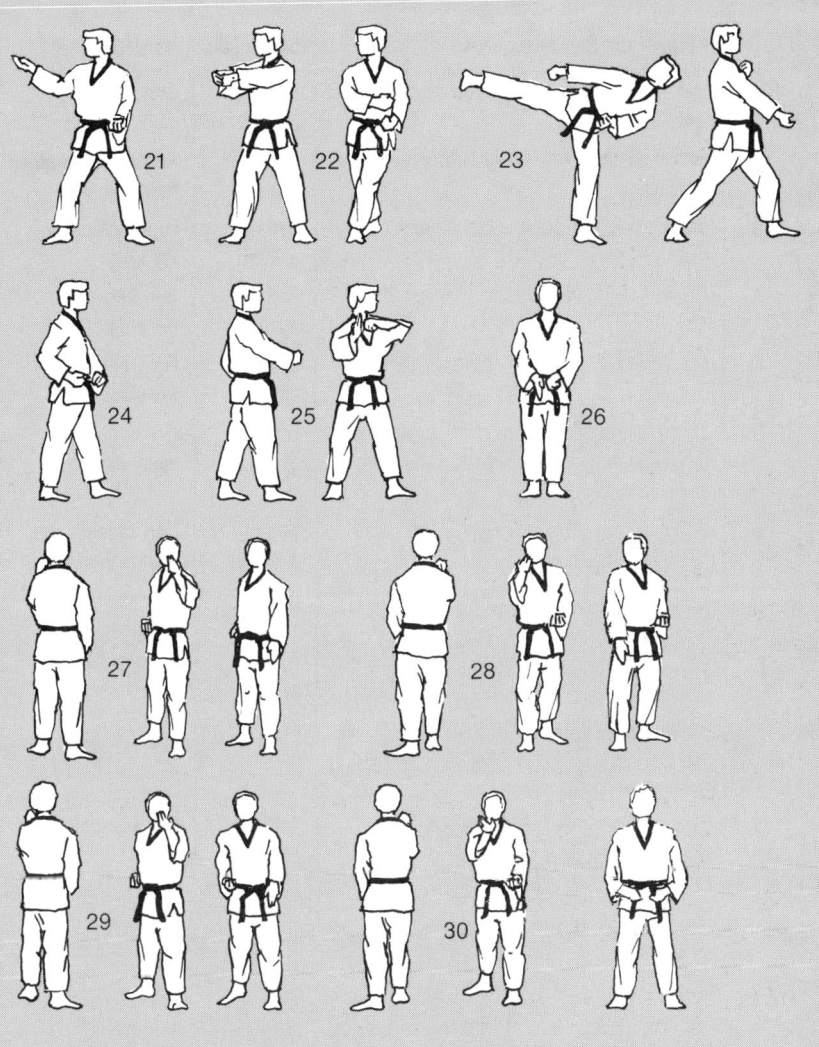

Kumgang

	Körper- und Beinbewegungen	Stellungen	Handtechniken
Junbi	Blicken Sie in Richtung ›V‹ und setzen Sie den linken Fuß zur Seite.	**Naranhi-sogi**	**Gibon-junbi**
1	Setzen Sie den linken Fuß einen Schritt vor in Richtung ›V‹.	**Oen-apkubi**	**Anpalmok-momtong-hechyo-makki**
2	Der rechte Fuß wird einen Schritt vorgesetzt.	**Orun-apkubi**	**Orun-batangson-tok-chigi**
3	Der linke Fuß wird einen Schritt vorgesetzt.	**Oen-apkubi**	**Oen-batangson-tok-chigi**
4	Der rechte Fuß wird einen Schritt vorgesetzt.	**Orun-apkubi**	**Orun-batangson-tok-chigi**
5	Ziehen Sie den rechten Fuß etwas zurück, ohne den linken zu versetzen. Sie blicken weiterhin in Richtung ›V‹.	**Orun-dwitkubi**	**Han-sonnal-momtong-makki**
6	Setzen Sie den linken Fuß einen Schritt nach hinten in Richtung ›H‹.	**Oen-dwitkubi**	**Han-sonnal-momtong-makki**
7	Setzen Sie den rechten Fuß einen Schritt nach hinten in Richtung ›H‹.	**Orun-dwitkubi**	**Han-sonnal-momtong-makki**
8	Während der rechte Fuß stehenbleibt, ziehen Sie den linken hoch zu **Hakdari-sogi.** Gleichzeitig führen Sie den rechten Arm langsam nach oben und den linken ebenso langsam und kraftvoll nach unten. Blickrichtung ›L‹.	**Orun-hakdari-sogi**	**Kumgang-makki**
9	Setzen Sie den linken Fuß in Richtung ›L‹ einen Schritt zur Seite ab.	**Juchum-sogi**	**Oen-kun-dolchogwi** (→ ›L‹)

Fortsetzung auf der nächsten Seite

Kumgang

	Körper- und Beinbewegungen	Stellungen	Handtechniken
10	Drehen Sie sich auf dem linken Fuß nach links. Setzen Sie den rechten Fuß um in die Richtung ›L‹ und drehen Sie sich dann um 360°, bis Sie den linken Fuß wieder in Richtung ›L‹ absetzen können. Diese Bewegungen sollen rasch ausgeführt werden.	**Juchum-sogi**	**Oen-kun-dolchogwi** (→ ›L‹)
11	Drehen Sie sich auf dem Ballen des linken Fußes nach links und stampfen Sie mit dem rechten Fuß in Richtung ›V‹ fest auf den Boden.	**Juchum-sogi**	**Santul-makki** (Blickrichtung ›V‹) (›Kihap‹)
12	Drehen Sie sich auf dem Ballen des rechten Fußes nach rechts, bis Sie den linken Fuß in Richtung ›V‹ setzen können.	**Juchum-sogi**	**An-palmok-momtong-hechyo-makki** (schnell ausführen)
13	Während der rechte Fuß stehenbleibt, ziehen Sie den linken etwas an ihn heran. Die Hände werden vor der Brust gekreuzt. Dann führen Sie sie auf einem Kreisbogen langsam, aber kraftvoll abwärts. Dabei wird langsam ausgeatmet.	**Naranhi-sogi**	**Arae-hechyo-makki** (Blickrichtung ›R‹)
14	Drehen Sie sich auf dem Ballen des rechten Fußes rechtsherum und stampfen Sie mit dem linken in Richtung ›H‹ fest auf den Boden.	**Juchum-sogi**	**Santul-makki** (Blickrichtung ›L‹)
15	Drehen Sie sich auf dem Ballen des linken Fußes um 180° rechtsherum und ziehen Sie den rechten Fuß hoch zu **Hakdari-sogi.**	**Oen-hakdari-sogi**	**Kumgang-makki** (langsam, aber mit Kraft ausführen; Blickrichtung ›R‹)
16	Während der linke Fuß stehenbleibt, setzen Sie den rechten schnell einen Schritt vor in Richtung ›R‹.	**Juchum-sogi**	**Orun-kun-dolchogwi** (Blickrichtung ›R‹)
17	Drehen Sie sich auf dem rechten Fuß nach rechts. Setzen Sie den linken Fuß um in die Richtung ›R‹ und drehen Sie sich dann um 360°, bis Sie den rechten Fuß wieder in Richtung ›R‹ absetzen können. Diese Bewegungen sollen rasch ausgeführt werden.	**Juchum-sogi**	**Orun-kun-dolchogwi**

Fortsetzung auf der nächsten Seite

	Körper- und Beinbewegungen	Stellungen	Handtechniken
18	Ziehen Sie den rechten Fuß hoch zu **Hakdari-sogi.**	Oen-hakdari-sogi	**Kumgang-makki** (langsam, aber mit Kraft)
19	Setzen Sie den rechten Fuß vor in Richtung ›R‹.	Juchum-sogi	**Orun-kun-dolchogwi**
20	Drehen Sie sich auf dem Ballen des rechten Fußes nach rechts. Setzen Sie den linken Fuß um in die Richtung ›R‹ und drehen Sie sich dann um 360°, bis Sie den rechten Fuß wieder in Richtung ›R‹ absetzen können.	Juchum-sogi	**Orun-kun-dolchogwi**
21	Drehen Sie sich auf dem Ballen des rechten Fußes nach rechts, bis Sie den linken Fuß in Richtung ›V‹ absetzen können.	Juchum-sogi	**Santul-makki** (›Kihap‹) (Blickrichtung ›V‹)
22	Drehen Sie sich auf dem Ballen des linken Fußes nach links und setzen Sie den rechten Fuß ab in Richtung ›V‹.	Juchum-sogi	**An-palmok-momtong-hechyo-makki** (schnell ausführen, Blickrichtung ›L‹)
23	Ziehen Sie den rechten Fuß etwas an den linken heran, während dieser stehenbleibt.	**Naranhi-sogi**	**Arae-hechyo-makki**
24	Drehen Sie sich auf dem Ballen des linken Fußes nach links und setzen Sie den rechten in Richtung ›H‹ fest auf den Boden stampfend ab.	Juchum-sogi	**Santul-makki**
25	Drehen Sie sich auf dem Ballen des rechten Fußes nach links und ziehen Sie den linken Fuß hoch zu **Hakdari-sogi.**	Orun-hakdari-sogi	**Kumgang-makki** (langsam, aber kraftvoll, Blickrichtung ›L‹)
26	Setzen Sie den linken Fuß schnell einen Schritt in Richtung ›L‹ vor, während der rechte stehenbleibt.	Juchum-sogi	**Oen-kun-dolchogwi** (Blickrichtung ›L‹)
27	Drehen Sie sich auf dem Ballen des linken Fußes nach links. Setzen Sie den rechten Fuß um in Richtung ›L‹ und drehen Sie sich dann um 360°, bis Sie den linken Fuß wieder in dieser Richtung absetzen können.	Juchum-sogi	**Oen-kun-dolchogwi** (Blickrichtung ›V‹)
Guman	Ziehen Sie den linken Fuß etwas an den rechten heran.	**Naranhi-sogi**	**Gibon-junbi**

Taebaek

	Körper- und Beinbewegungen	Stellungen	Handtechniken
Junbi	Blicken Sie in Richtung ›V‹ und setzen Sie den linken Fuß zur Seite.	Naranhi-sogi	Gibon-junbi
1	Drehen Sie den Körper nach links und setzen Sie den linken Fuß vor in Richtung ›L1‹.	Oen-bomsogi	Sonnal-arae-hechyo-makki
2	Treten Sie einen **Apchagi** mit dem rechten Fuß und setzen Sie ihn dann einen Schritt vor in Richtung ›L1‹.	Orun-apkubi	Momtong-dubon jirugi (rechts-links)
3	Drehen Sie sich auf dem Ballen des linken Fußes um 180° rechtsherum und setzen Sie den rechten Fuß vor in Richtung ›R1‹.	Orun-bomsogi	Sonnal-arae-hechyo-makki
4	Treten Sie einen **Apchagi** mit dem linken Fuß und setzen Sie ihn dann einen Schritt vor in Richtung ›R1‹.	Oen-apkubi	Momtong-dubon-jirugi (links-rechts)
5	Drehen Sie sich auf dem Ballen des rechten Fußes nach links und setzen Sie den linken Fuß vor in Richtung ›V‹.	Oen-apkubi	Jebipum-mok-chigi
6	Ziehen Sie die rechte Hand mit der Handfläche nach unten an den Körper heran. Dann setzen Sie den rechten Fuß einen Schritt vor in Richtung ›V‹.	Orun-apkubi	Momtong-baro-jirugi
7	Öffnen Sie die linke Hand und ziehen Sie sie mit der Handfläche nach unten an den Körper heran. Setzen Sie den linken Fuß einen Schritt vor in Richtung ›V‹.	Oen-apkubi	Momtong-baro-jirugi
8	Öffnen Sie die rechte Hand und ziehen Sie sie mit der Handfläche nach unten an den Körper heran. Setzen Sie den rechten Fuß einen Schritt vor in Richtung ›V‹.	Orun-apkubi	Momtong-baro-jirugi (›Kihap‹)

Fortsetzung auf der nächsten Seite

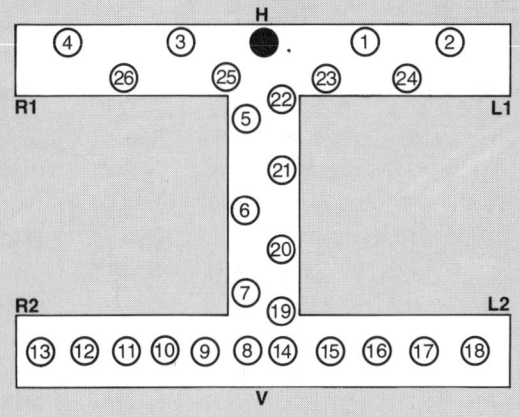

H

④ ③ ⑤ ① ②

㉖ ㉕ ㉓ ㉔

R1 ㉒ L1

⑤

㉑

⑥

⑳

⑦ ⑲

R2 L2

⑬ ⑫ ⑪ ⑩ ⑨ ⑧ ⑭ ⑮ ⑯ ⑰ ⑱

V

	Körper- und Beinbewegungen	Stellungen	Handtechniken
9	Drehen Sie sich auf dem Ballen des rechten Fußes nach links und setzen Sie den linken Fuß vor in Richtung ›R 2‹.	Orun-dwitkubi	Kumgang-momtong-makki
10	Körper- und Fußstellung bleibt unverändert.	Orun-dwitkubi	Danggyo-tok-jirugi
11	Körper- und Fußstellung bleibt unverändert.	Orun-dwitkubi	Oen-jumok-yop-jirugi
12	Heben Sie den linken Fuß zum rechten Knie.	Orun-hakdari-sogi	Orun-jagun-dolchogwi
13	Treten Sie mit dem linken Fuß einen **Yop-chagi** und setzen Sie den Fuß dann einen Schritt vor in Richtung ›R 2‹.	Oen-apkubi	Orun-palgup-pyojok-chigi
14	Drehen Sie sich rechtsherum in Richtung ›L 2‹ und ziehen Sie den linken Fuß an den rechten heran zum Stand **Moa-sogi**. Gleich darauf setzen Sie den rechten Fuß einen Schritt vor in Richtung ›L 2‹.	Oen-dwitkubi	Kumgang-momtong-makki
15	Körper- und Fußstellung bleibt unverändert.	Oen-dwitkubi	Danggyo-tok-jirugi
16	Körper- und Fußstellung bleibt unverändert.	Oen-dwitkubi	Orun-jumok-yop-jirugi
17	Heben Sie den rechten Fuß zum linken Knie.	Oen-hakdari-sogi	Oen-jagun-dolchogwi

Fortsetzung auf der nächsten Seite

Taebaek

	Körper- und Beinbewegungen	Stellungen	Handtechniken
18	Treten Sie mit dem rechten Fuß einen **Yop-chagi** und setzen Sie den Fuß dann einen Schritt vor in Richtung ›L 2‹.	Orun-apkubi	Oen-palgup-pyojok-chigi
19	Ziehen Sie den rechten Fuß an den linken heran zu **Moa-sogi**. Gleich darauf setzen Sie den linken Fuß vor in Richtung ›H‹.	Orun-dwitkubi	Sonnal-momtong-makki
20	Setzen Sie den rechten Fuß einen Schritt vor in Richtung ›H‹.	Orun-apkubi	Pyonsonkut-sewo-chirugi
21	Drehen Sie sich auf dem Ballen des rechten Fußes linksherum. Dann ziehen Sie den linken Fuß am rechten vorbei, bis Sie ihn nach einer Drehung von 360° wieder in Richtung ›H‹ setzen können.	Orun-dwitkubi	Oen-dungjumok-olgul-bakkat-chigi
22	Setzen Sie den rechten Fuß einen Schritt vor in Richtung ›H‹.	Orun-apkubi	Momtong-bandae-jirugi (›Kihap‹)
23	Drehen Sie sich auf dem Ballen des rechten Fußes nach links und setzen Sie den linken Fuß in Richtung ›L1‹ vor. Bei **Gawi-makki** wird mit der linken Hand **Arae-makki** gemacht.	Oen-apkubi	Gawi-makki
24	Treten Sie einen **Apchagi** mit dem rechten Fuß und setzen Sie ihn dann einen Schritt vor in Richtung ›L1‹.	Orun-apkubi	Momtong-dubon-jirugi
25	Drehen Sie sich auf dem Ballen des linken Fußes um 180° rechtsherum und setzen Sie den rechten Fuß in Richtung ›R1‹ vor. Bei **Gawi-makki** wird mit der rechten Hand **Arae-makki** gemacht.	Orun-apkubi	Gawi-makki
26	Treten Sie einen **Apchagi** mit dem linken Fuß und setzen Sie ihn dann einen Schritt vor in Richtung ›R1‹.	Oen-apkubi	Momtong-dubon-jirugi
Guman	Drehen Sie sich auf dem Ballen des rechten Fußes linksherum, bis Sie den linken Fuß in Richtung ›L1‹ neben den rechten setzen und in Richtung ›V‹ blicken können.	Naranhi-sogi	Gibon-junbi

Anhang

Koreanisches Fachwörterverzeichnis

Agwison Handspanne
An von außen nach innen, einwärts
Anchigi Schlag nach innen
An-makki Innenblock
Ap vorn
Apchagi Vorwärtstritt
Apchigi Schlag nach vorn
Apchuk Fußballen
Apkkoa-sogi Überkreuzstellung seitwärts
Apkubi Vorwärtsstellung
Apkyorumse Frontalstellung (im Kyorugi)
Apsogi kleine Vorwärtsstellung, Schrittstellung
Arae Unterleib (vom Nabel abwärts)
Arae-makki Tiefblock

Baesim Jury
Bakkat von innen nach außen, auswärts
Bakkat-makki Außenblock
Bal Fuß
Balbadak Fußsohle
Baldung Fußrücken, Rist
Baljit Step
Baljitki Steptechnik
Balnal Fußkante (Außenseite)
Bamjumok spitze Faust (Faust mit vorstehendem Fingerknöchel)
Bandae Gegenteil, seitenverkehrt
Bandae-jirugi gleichseitiger Stoß
Bangoki Blocktechnik
Baro gerade, gleichseitig (oder: zurück zur Ausgangsstellung)
Baro-jirugi gegenseitiger Stoß
Batangson Handballen
Batguo Kommando: »Wechsel«
Bato-chagi Konterkick
Bikyo-baljit Diagonalstep
Bituro-makki verdrehter Block
Bo-jumok linke Hand umfaßt die rechte Faust
Bomsogi Tigerstellung, kleine Rückwärtsstellung
Bon Muster, Beispiel, Vorbild
Busim Punktrichter

Chaejompyo Punktzettel
Chagi Schlag, Tritt

Charyot Kommando: »Achtungsstellung«
Charyot-sogi Achtungsstellung
Chaolligi Fußschwung (das gestreckte Bein – vorn, seitlich – hochschwingen)
Chegub Gewichtsklasse
Chigi Schlag
Chi-jirugi Aufwärtsstoß
Chirugi Stich mit den Fingerspitzen
Chung sung Sieg für Blau

Dan Meistergrad (über 16 Jahre)
Danggyo-jirugi ziehender Stoß
Danjon Zwerchfell
Dari Bein
Datchimse geschlossene Stellung (im Kyorugi)
Dobok Taekwondo-Anzug
Dojang Übungsraum, Trainingsraum
Dolchogwi Scharnier
Dolla (yopuro, dwilo) umdrehen (seitwärts, rückwärts)
Dollyo-chagi Drehschlag
Dollyo-jirugi Drehstoß
Dongjak eine einzelne Bewegung
Du zwei, beide
Dubon doppelt, zweimal, hintereinander
Du-jumok beide Fäuste
Dukjom Pluspunkt
Dullo-baljit Fußhebestep
Dungjumok Faustrücken
Dwi hinten, rückwärts
Dwidolla-baljit Rückwärts-Drehstep
Dwi-dollyo-chagi Rückwärts-Drehschlag
Dwikumchi hinterer Teil der Ferse
Dwitchagl Rückwärtstritt
Dwitchuk unterer Teil der Ferse
Dwitkkoa-sogi Überkreuzstellung vorwärts
Dwitkubi Rückwärtsstellung

Gawi-makki Scherenblock
Gawisonkut Fingerspitzen in Scherenform
Gibon Grund
Godub-chagi Doppelfußtritt
Goduro-arae-makki Tiefblock mit Unterstützung
Goduro-makki Abwehr mit Unterstützung
Goduro-momtong-makki Rumpfblock mit Unterstützung
Goduro-olgul-makki Gesichtsblock mit Unterstützung

157

Anhang

Guman [Gman] Ende der Übung/des Kampfes, aufhören
Gyopson übereinandergelegte Hände

Hakdari-sogi Kranichbeinstellung
Hanbon-kyorugi vorgegebene Partnerübung
Han-sonnal-makki Block mit einer Handkante
Hechyo-makki Beiseite-Schubblock
Hoejon Runde
  Il Hoejon 1. Runde
  Ie Hoejon 2. Runde
  Sam Hoejon 3. Runde
Hogu Schutzweste
Hong sung Sieg für Rot
Hosinsul Selbstverteidigungskunst
Huryo-chagi Peitschenschlag

Injung Nasenrille

Jabi Griff
Jagun klein
Jang Abschnitt
Jayu-kyorugi Freikampf
Jebipum Schwalbenform
Jechyo-jirugi Stoß mit gedrehter Faust
Jirugi [Chirugi] Stoß mit der Faust
Juchum-sogi Sitzstellung
Juchumse Haltung mit Juchum-sogi
Jumok Faust (Knöchel vom Zeige- und Mittelfinger bei geschlossener Faust)
Junbi Kommando: »Vorbereitung«
Junbi-sogi Vorbereitungsstellung
Jusim Kampfleiter
Jwa-woohyang-woo [Jua-uhyang-u] zueinanderdrehen
  Jwa-hyang-jwa linksum
  Woo-hyang-woo rechtsum

Kal Messer
Kaljabi Schlag mit der Handspanne
Kallyo Kampfunterbrechung, trennen
Kamjom Minuspunkt
Kamjom hana ein Minuspunkt
Kihap Schrei zur Mobilisation konzentrierter Kraft (äußere Form)
Kkoa-baljit Kreuzstep
Kkoa-sogi Überkreuzstellung (Stellung mit überkreuzten Füßen)

Kokki brechender Schlag (mit der Hand oder dem Fuß)
Konggyok Angriff
Konggyokki Angriffstechnik
Kullo-baljit Fußziehstep
Kullomoa-baljit Schaltstep
Kumgang-makki Blockform, bei der eine Hand Olgul-makki und die andere Arae-yop-makki ausführt
Kun groß
Kup Schülergrade (10. bis 1. Kup)
Kuryong Kommando
Kuryong opschi ohne Kommando
Kuryonge matschuo mit Kommando
Kyesok Kommando: »Weiterkämpfen«
Kyokpa Bruchtest, Bruchdynamik
Kyonggo Verwarnung
Kyonggo hana eine Verwarnung
Kyonggi Wettkampf, Kampfspiel
Kyongle [Kyongne] Gruß, grüßen; Respektbezeugung, Verbeugung
Kyorugi Kampf
Kyorumse Grundkampfstellung

Makki Block, Abwehr
Mejumok Faustaußenseite
Mikurumbal gleitende Beine
Milo Schub
Mituro abwärts
Mo Ecke
Moa-baljit Schließstep
Moa-sogi geschlossene Stellung
Modumbal geschlossene Beine
Mojuchum-sogi wie Juchum-sogi (Sitzstellung), Füße sind aber um 45° gedreht
Mom Körper
Momtong Rumpf (zwischen Schlüsselbein und Nabel)
Momtong-an-makki Rumpf-Innenblock
Momtong-bakkat-makki Rumpf-Außenblock
Momtong-jirugi Rumpfstoß
Momtong-makki Rumpfblock
Momtong-yop-makki Rumpf-Seitblock
Mom-umjigigi Körperbewegung
Monge Joch
Mori Kopf
Mori-bohogu Kopfschutz
Mullo-baljit Rückstep

Murup Knie
Murup-kokki Schlag mit der Handspanne oder Tritt mit der Fußkante auf das Knie des Gegners
Myongchi Solarplexus

Naeryo abwärts
Naga-baljit Startstep
Naranhi-sogi offene Parallelstellung
Natchumse Tiefstellung (im Kyorugi)
Nullo-makki Abwärtsblock mit den Handballen

Oen links
Oesantul-makki Blockform: eine Hand Arae-makki, die andere Olgul-bakkat-makki
Olgul Gesicht (vom Schlüsselbein aufwärts)
Olgul-makki Gesichtsblock
Ollyo aufwärts
Ollyo-chigi Aufwärtsschlag
Opo waagerecht
Oposonkut Fingerspitzen waagerecht
Orun rechts
Otgoro-arae-makki Tiefkreuzblock
Otgoro-makki Kreuzabwehr
Otgoro-olgul-makki Gesichtskreuzblock

Paegi Befreiung
Pal Arm
Pal-dari-bohodae Arm- u. Schienbeinschutz
Palgup Ellbogen
Palmok Unterarm
  An-palmok Innenseite (Speiche)
  Bakkat-palmok Außenseite (Elle)
Poom [Pum] eine Bewegungsform (kann aus mehreren Dongjak bestehen) oder Meistergrade (unter 16 Jahren)
Poomse eine Kombination verschiedener Bewegungen gegen einen imaginären Partner
Pyojok Ziel
Pyojok-chagi Zielschlag mit dem Fuß
Pyojok-chigi Zielschlag mit d. Ellbogen/Faust
Pyonhi-sogi zehenoffene Parallelstellung
Pyonjumok halb geöffnete Faust
Pyonsonkut Fingerspitzen senkrecht

Sabom (-nim) Meister, Lehrer (Höflichkeitsform)
Santul Bergform, bergförmig
Santul-makki Bergblock
Satbodae Unterleibsschutz

Sewo senkrecht
Sewo-chirugi Vertikalstich
Sewo-jirugi Vertikalstoß
Sigan Kommando: »Zeit stoppen«
Sihap Wettkampf, Kampfspiel
Sijak (Kampf-)Beginn, beginnen
Simpan Kampfrichter
Sogi Stellung
Son Hand
Sonkut Fingerspitzen
Sonmok Handgelenk
Sonnal Handkante (Kleinfingerseite)
Sonnal-chigi Handkantenschlag
Sonnaldung Handkante (Daumenseite)
Sonnal-makki Handkantenblock
Sung gewonnen
Swio ruhen, freies ungezwungenes Stehen

Tok Kinn
Tongmilgi einen (imaginären runden) Gegenstand in den Handflächen zusammendrücken
Twio im Sprung, gesprungen
Ty Gürtel

Wiro aufwärts

Yollimse offene Stellung (im Kyorugi)
Yonsop-kyorugi Übungskampf
Yop seitlich, Seite
Yop-chagi Seitwärtstritt
Yopguri Körperseite, Taille
Yop-jirugi Seitwärtsstoß
Yop-kyorumse Seitwärtsstellung (im Kyorugi)
Yop-makki Seitblock

Zahlen		**Ordnungszahlen**
1	Hana [Han]	Il
2	Dul [Du]	Ie [I]
3	Set [Se]	Sam
4	Net [Ne]	Sa
5	Dasot	Oh [O]
6	Yosot	Yuk
7	Ilgob	Chil
8	Yodul	Pal
9	Ahob	Gu
10	Yol	Sib

Literaturverzeichnis

Gil, Konstantin: Illustriertes Handbuch des Taekwondo. Niedernhausen 1982

Hwang Ki: Taekwondo. Seoul 1970

Kim Byong-won/Kim Chung-rok: Taekwondo-Sammelwerk. Seoul 1985

Kim Dae-shik/Kim Kwang-sung: Theories and Practices of Taekwondo. Seoul 1985

Kim Man-keum: Taekwondo Poomse Lehrbuch. Köln 1977

–: Taekwondo Lehrbuch. Köln 1985

Ko Eui-min: Taekwondo-Kyorugi. München 1980

Koreanischer Taekwondo Verband (Hrsg.): Taekwondo Lehrbuch (Poomse). Seoul 1972

–: Taekwondo. Seoul 1975

Kwon Jae-hwa: Taekwondo-Information Nr. 1–4. München 1976

Park Soo-nam: Wettkampf-Taekwondo. Stuttgart 1984

Weinmann, W.: Die koreanische Nahkampftechnik. Berlin 1975